AF306189

BENEDETTA

PAR

Lucien DEFODON

FÉCAMP

IMPRIMERIE DE CH. HUE, PASSAGE SAUTREUIL

1859

Aux Rouennais, mes compatriotes,
Et, en particulier, à M. Frédéric Deschamps,
Bâtonnier de l'ordre des Avocats de Rouen.

*A M. Robert, Lieutenant-colonel d'État-major,
Officier de la Légion-d'Honneur et Conseiller
général.*

BENEDETTA

PAR

LUCIEN DEFODON

FÉCAMP

IMPRIMERIE DE CH. HUE, PASSAGE SAUTREUIL

1859

LIVRE PREMIER

—————

I.

Dans un riche pays où l'on voit tous les ans
Sur les plus tendres fleurs sourire le printemps,
On montre un vieux château d'étrange architecture ;
Là, dans un vaste parc à la belle verdure,
L'orme vêtu de lierre et le chêne noueux,
Le hêtre au tronc luisant, le frêne aux longs cheveux,
Se groupent en massifs, ou promènent la vue
Sous le dôme flottant de plus d'une avenue,
Ouvrant quelques percés sur un vallon charmant ;
On voit dans le lointain le fleuve nonchalant.

Dont les eaux caressant de riantes prairies,
Egarent la pensée en douces rêveries.
Avant que la terreur n'eût détruit à la fois
Les titres de noblesse et les anciennes lois,
Sur la pourpre des rois portant sa main sanglante,
Le noble, promenant une vie indolente
De l'antique manoir aux hôtels de Paris,
Sous le vieil écusson et les riches lambris,
S'endormait, sans songer que déjà sur sa tête
Venait s'accumuler la plus sombre tempête.
C'était cinq ou six ans avant qu'on ne vît choir
D'une débile main un antique pouvoir.
Dans ces lieux enchantés, sans amis, sans famille,
Vivait un vieux baron qui n'avait qu'une fille,
Belle enfant aux yeux bleus, de quatorze à quinze ans.
On eût dit, à les voir, l'orage et le printemps.
Cet homme à l'air farouche avait le regard sombre,
Le remords, sur son front, semblait jeter une ombre ;
Sur lui, depuis longtemps, chez les gens du pays,
Circulaient en secret d'assez étranges bruits ;
Mais on n'osait parler, car la moindre imprudence
Eût provoqué sans doute une atroce vengeance.
D'ailleurs, Benedetta, sa fille, avait toujours
De ces bons villageois mérité les amours.
Belle et douce à la fois, cet ange, sur la terre,
Du pauvre, chaque jour, soulageait la misère ;

Affable à tout le monde, et, d'une tendre voix,
Du malade au passant s'informant quelquefois.
Délicieuse enfant à blonde chevelure,
De son joli regard que la flamme était pure !
Et puis à son beau corps, en tous ses mouvements,
La grâce encor savait donner tant d'agréments !
Seule (car son berceau ne vit jamais sur elle
Son bon ange gardien, sa mère étendre l'aile,)
Benedetta n'avait, pour soulager son cœur,
Que sa bonne nourrice ou son vieux confesseur;
Mais un cœur de quinze ans, qu'avait-il à leur dire ?
A cet âge si tendre, est-ce que l'on soupire !
Qui le croirait pourtant ? Sur cette tendre fleur,
Déjà l'amour tournait son regard enchanteur ;
Déjà sur cette rose, à peine épanouie,
L'enfant au ris moqueur recueillait l'ambroisie.
Qui donc, ô belle enfant, te faisait soupirer ?
Certes il ne pouvait à tes yeux se parer
De ces vains ornements où l'or, où l'argent brille ;
Pauvre, quoique portant un beau nom de famille,
Il n'avait point chez lui, tout passementés d'or,
Des laquais à ses pieds, pour grossir son trésor,
Accumulant ces biens que la pauvreté blême
Arrache au sol avare avec un mal extrême.
Sur les bras assouplis de vigoureux porteurs,
L'élégante litière aux brillantes couleurs

Où de moelleux coussins, de velours ou de moire,
Se dressent tout bouffants sur un siège d'ivoire,
Ne le porte jamais aux fêtes de la cour ;
Il n'a point, pour l'été, de gracieux séjour,
Ni meutes aux forêts, dans des chasses ardentes,
Aux fanfares du cor, sans cesse haletantes,
Ni des chiens écossais, ni d'excellents limiers
Portant un chiffre d'or sur leurs larges colliers ;
Tentures de velours qu'un argent pur constelle,
Diamans dont le feu jaillit en étincelle,
Jardins délicieux où les plus doux ruisseaux
Promènent en détours leurs murmurantes eaux,
Jets d'eau retentissants, bassins de marbre rose,
Gazons où sur les fleurs l'abeille d'or se pose,
Parcs aux bosquets charmants, gracieuse villa
Se mirant dans un golfe, il n'a point tout cela ;
Mais il a noble cœur, et jamais nom de femme
Comme un vague remords ne s'agite en son âme.
Il ne s'est point encore, aux rendez-vous d'amour,
Entaché du faux nom de beau page de cour.
Naple et son beau climat, Venise et ses gondoles,
Paris avec ses bals aux mille girandoles,
Sont encor, pour son cœur, des plaisirs inconnus ;
Et puis il est aimé ; que lui faut-il de plus ?...
C'était l'heure où l'on voit, balançant sa faucille,
La brune moissonneuse, insouciante fille,

Aller par les sentiers, au milieu des chaleurs,
Rejoindre à pas traînants les autres laboureurs.
Sur la terre, déjà, les moissons étalées,
Des plus belles couleurs se montraient diaprées :
Les blés sous le zéphir ondulaient à flots d'or,
Les luzernes aux champs reverdissaient encor ;
Sous le vent crépitaient les siliques fragiles ;
L'avoine chatoyante, aux clochettes mobiles,
Bruissait ; l'orge blonde, au long épi barbu,
Laissait flotter ses crins ; Le sarrazin velu
Ondulait doucement sous la brise légère ;
Les seigles, récoltés, au loin jonchaient la terre ;
Les foins, dans la prairie, en meules amassés,
Ou sur des charriots par bottes entassés,
Du joyeux villageois allant remplir la grange,
Le fleuve où constamment tout circule et tout change,
D'une active moisson les chants, le mouvement
Donnaient à la campagne un nouvel agrément.
Sur son léger balcon, pensive, nonchalante,
Seule, Benedetta, de cette vie ardente,
Ne semblait pas alors comprendre les plaisirs.
Où donc, où donc, enfant, s'adressent tes soupirs ?
Qui donc du diamant que recèle ton âme,
Seul peut, sous son regard, faire jaillir la flamme ?
Montfort vient de paraître ; alors Benedetta,
La rougeur sur le front, se détourne et s'en va.

II.

Au sein de la forêt à la sombre feuillée,
Où le parc du château s'ouvrait en large allée,
Un chêne s'élevait, vaste, majestueux,
Monument séculaire au tronc rude et noueux,
Dont le superbe front allait jusques aux nues
Jetant de toutes parts de ses branches touffues
L'immense parasol. En groupes disposés,
Des charmes, tout autour, encadraient des percés
Et nourrisaient leur bois à bien des arts utile.
Là, le bouleau luisant à l'écorce docile

S'agitait sous le frêne au feuillage pendant ;
L'orme aux larges rameaux où le lierre rampant
S'entortille, ombrageait de son épais feuillage,
Le pommier tortueux à la sève sauvage ;
Les genêts, la fougère, au pied des coudriers,
De leurs mille rameaux encombraient les sentiers.
Plus loin le pin sonore à rude chevelure
Balançait lentement son cône de verdure,
Pendant que les fraisiers, qui bordaient le chemin,
De leurs fruits délicats venaient tenter la main.
Des oiseaux babillards animaient ces contrées :
Et le geai sautillant dans les grandes allées,
Et le pic accroupi sur un tronc vermoulu,
Là cet oiseau criard, qu'un hêtre chevelu
Balance sur la branche ; ici la tourterelle
Roucoulant, doucement, en agitant son aile ;
Le ramier voyageur passait prompt comme un trait,
Tandis que le bouvreuil, le gentil roitelet,
Envoyant aux échos le plus joyeux ramage,
Volaient, de place en place, au milieu du feuillage.
Enfin, l'oiseau chasseur, qui prend des tons divers,
De ses chants variés essayait les concerts.
Non loin de cet endroit, au bord d'une clairière,
On découvrait à peine une vieille chaumière,
Dont le chaume pourri, de mousse tout couvert,
Laissait, en maint endroit, le bois à découvert.

L'intérieur était d'un aspect assez sombre,
Un demi-jour à peine y venait troubler l'ombre ;
Une vieille au regard respirant la douceur,
La main à son rouet et toute à son labeur,
Seule, au milieu des bois, dans cette humble demeure,
Vivait tranquillement. Le matin de bonne heure
On la voyait sortir. Sous sa main le gazon,
Pour nourrir des lapins amis de la maison,
Coupé par la faucille en masse verdoyante
S'assemblait. De retour, sa pauvre main tremblante
S'armait d'un seau de bois où sa vache versait,
Sous ses faibles efforts, quelques pintes de lait.
C'étaient ses premiers soins ; puis durant la journée
Elle était au rouet tout entière adonnée.
Pauvre excellente femme ! Elle n'avait pas là
Toujours passé son temps. Près de Benedetta,
Nourrice au cœur de mère, attentive, soigneuse,
Au château, quelque temps, elle vécut heureuse ;
Mais un jour le baron, sans aucune raison,
La fit brutalement sortir de sa maison.
Longtemps la pauvre femme avait vécu de larmes.
L'existence, pour elle, avait-elle des charmes
Loin de sa pauvre enfant ! Le destin, par bonheur,
Avait à cette enfant donné le meilleur cœur.
Se rappelant les soins de cette pauvre femme,
Souvent, Benedetta, n'écoutant que son âme,

A l'insu de son père et de tout curieux,
D'un pas vif et discret arrivait dans ces lieux,
Souriante. La vieille avait toujours pour elle
De laitage ou de fruits la surprise nouvelle.
Bonjour, mère!—Oh! c'est vous;—et puis on s'embrassait,
On s'asseyait ensemble et gaiment on causait.
Le moment de partir venait toujours trop vite.
Adieu, ma chère enfant ! — Au revoir, Marguerite !
Et les larmes coulaient, et la vieille venait
Morne, la larme à l'œil, se remettre au rouet.

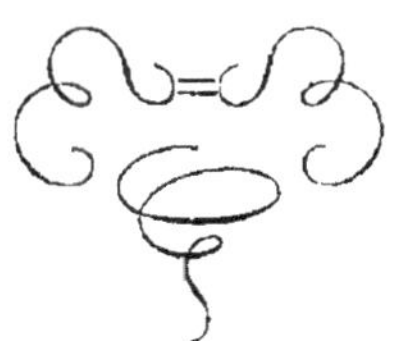

III.

Qu'il était beau vraiment, entrant dans la clairière
Et suivant le sentier qui mène à la chaumière,
Le jeune homme à l'œil noir, au geste noble et fier,
Aux longs cheveux flottants et se jouant dans l'air !
Et ne valait-il pas, ce sage et beau jeune homme,
Tous les dorés du monde ? Et quoique pauvre, en somme,
N'avait-il pas le cœur dont un père inhumain,
Qui ne veut voir, hélas ! que les écus en main,
Ne sut jamais goûter l'excellente nature ?
(Richesse d'or. pour lui, c'est richesse plus sûre.)

Marguerite, bonjour, dit Montfort en entrant.
Elle lève la tête : — Eh bonjour, mon enfant,
Vous êtes sur le point d'aller chercher fortune
Ou la gloire du moins? Vous serais-je importune
Si je vous demandais où vous allez courir?
— C'est vrai, répond Montfort, on vient de m'avertir
Qu'il me faut de ces lieux perdre à jamais la vue.
Marguerite reprend d'une voix tout émue :
— Les perdre tous les deux, peut-être sans l'espoir
Qu'aucun de ces enfants me vienne un jour revoir !
Mon Dieu ! soutenez-moi, car désormais sur terre
Seule je vais languir. — Que dites-vous, ma mère?
Lui répondit Montfort ; eh n'avez-vous pas là
Au château, près de vous, votre Benedetta,
Votre enfant qui vous aime et vous fera visite ?
— Oui ; mais non pour longtemps, murmura Marguerite.
Hélas ! on me l'enlève, on va la marier !
— La marier ! dit-il ; ce fut comme un acier
Qu'il sentit tout-à-coup se tordre en sa poitrine.
Il se lève soudain, et la face chagrine :
— Adieu, mère, dit-il, ce n'est rien maintenant
La noblesse et le cœur ; il leur faut de l'argent !
Et je suis pauvre, hélas !... Et triste, et voyant l'heure
S'avancer, il se mit à gagner sa demeure,
Humble et pauvre maison du village voisin
Que de tous les côtés entourait un jardin.

Dis-moi donc, ô destin, pourquoi l'homme, sur terre,
Est condamné sans cesse à suivre une chimère ?
Pourquoi son pauvre cœur, se laissant abuser,
A l'ombre qui le fuit, qu'il ne peut embrasser,
S'attache et meurt d'ennui ?... Tout va dans la nature
Vers un but assuré. Vive, limpide et pure,
La fontaine circule et sait toujours trouver
Les beaux gazons fleuris qu'elle doit arroser ;
Au tendre et doux soupir du printemps qui l'appelle,
On voit, d'un vol joyeux, arriver l'hirondelle.
Atomes parfumés, quand règnent les beaux jours,
Sur l'aîle du Zéphir volent à leurs amours,
Ces semences des fleurs, plantes au doux mystère,
Qui vont de leur hymen féconder quelque terre ;
Enfin, dans le désert où tout parle de mort,
L'onagre aux pieds légers d'un bond sait bien encor
Aller saisir la vie, et dans ces mers de sable,
Trouver, pour ses amours, un abri favorable.
L'homme seul, ici-bas, jouet de noirs destins,
S'attache à quelqu'objet qui lui glisse des mains.
Tels étaient les pensers que Montfort, à cette heure,
Roulait en son esprit. Il entre en sa demeure ;
De ses pâles rayons la lune faiblement
Eclairait les lambris de son appartement,
Laissant sur deux portraits se jouer sa lumière.
L'un était un marquis à mine noble et fière,

Large front, noirs sourcils ; on eut dit à le voir
Qu'il avait au regard un penser triste et noir.
Pauvre homme, il fut, hélas ! mis sur toile, peut-être,
Au moment où de Law le parti venait d'être
Anéanti ! Perdu, ruiné, sans espoir,
Cet aïeul de Montfort, par dépit, par devoir,
Par ces vagues pensers où le malheur se fonde,
Avait franchi les mers, et, dans le Nouveau-Monde,
Pour un nouveau principe ayant lutté longtemps,
Avait trouvé la gloire et la mort dans les camps.
Montfort en le voyant se prenait à sourire,
Mais d'un sourire affreux où perçait le délire.
Je suis bien de ta race, oh ! je te reconnais,
Dit-il, à cet amour dont me percent les traits !
Au malheur qui m'étreint, je sens bien ma famille.
Implacable destin ! grand-père, gendre, fille,
Petit-fils, tous, hélas ! fidèles au blason,
De ses larmes, vraiment, ont gardé la façon !
Il reste quelque temps dans un morne silence ;
Vers le second portrait, tristement il s'avance,
Et là, baigné de pleurs, au milieu des sanglots,
Sa voix, sa faible voix, laisse échapper ces mots :
— Docile à mon appel, puisse sécher mes larmes,
Ta douce et tendre voix ! Viens calmer mes alarmes ;
Je suis si malheureux ! mère, laisseras-tu
Mourir ainsi ton fils sans l'avoir secouru ?

Mais elle n'entend pas ! Cette pensée amère
Abaissa de nouveau sa tête vers la terre.
Cependant de la nuit chaque instant s'écoulait ;
Et quand l'aube blanchit, pâle, debout, muet,
Véritable statue aux regards immobiles,
Laissant le long du corps pendre ses mains débiles,
On aperçut Montfort le front au sol baissé,
Comme un chêne la nuit par la foudre brisé !

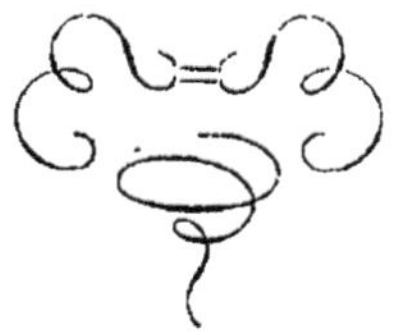

LIVRE DEUXIÈME

I.

Ah ! jolie est la chambre où dort la jeune fille !
Ce n'est pas que de l'or le vain éclat y brille,
Ni les riches écrins, ni l'ivoire éclatant,
Ou les tapis de Perse, ou la moire d'argent
Constellée, orgueil d'une vaine opulence ;
Dans cette chambre tout respire l'élégance,
Le travail, l'innocence et la simplicité ;
En face d'un support, la harpe d'un côté
Se dresse ; on voit de l'autre une tapisserie
Etendue au métier ; là, mainte broderie

Sur les meubles s'égare; un livre encore ouvert
Repose sur le bois d'un pupitre entr'ouvert
D'où sortent des papiers. Vous attendez peút-être
Quelque gage d'amour.... une brûlante lettre ?
Mais avant que d'écrire, il faut au moins parler,
Et cet amour encor ne sait que soupirer !
Tous ces papiers ne sont que morceaux de musique
Ou chapitres extraits de quelqu'auteur classique ;
Lisez, lisez plutôt, les écrits ont leur nom :
Lafontaine, Boileau, Racine, Fénélon...
Déjà d'un demi-jour sous l'aube blanchissante,
Ondulait dans la chambre une ombre vacillante ;
Benedetta s'éveille, elle entr'ouvre les yeux,
Promène sur la chambre un regard langoureux,
Et puis, nonchalamment, sa tête se soulève,
Son beau corps se redresse, enfin elle se lève,
Par les sons répétés d'une cloche d'airain
Annonçant au château qu'elle descend au bain.
On voyait dans la chambre, au fond, une portière
Dont les larges rideaux, tombant jusques à terre,
Recouvraient une porte ouvrant sur l'escalier.
Trente marches de chêne, une rampe d'acier,
Par d'élégants détours, descendaient en spirale
Jusque sur le pavé d'une assez vaste salle.
C'était comme une serre où d'un feuillage vert
Le mur, dissimulé, partout était couvert ;

D'un chassis élégant l'exquise architecture,
D'un habile ouvrier patiente sculpture,
S'étendait au-dessus, laissant un faible jour
Eclairer à demi ce pudique séjour.
La vigne aux longs rameaux, flexueuse, docile,
Découpait sur ces lieux son ombrage mobile.
Au milieu de la salle, un immense bassin,
Bordé de marbre blanc, frémissait sous l'airain
D'où s'élançait à jets la source éblouissante,
Des feux du diamant superbe et ruisselante.
Benedetta parut ; sur sa robe de lin,
Blanche comme un nuage aux rayons du matin,
Ondoyait à longs flots sa belle chevelure.
Timide elle s'avance ; et devant l'onde pure
S'arrête, et, détachant son léger vêtement,
Elle plonge le pied dans l'humide élément.
Son image brillait dans la claire fontaine,
Vacillante, et pourtant une rougeur soudaine,
Son trouble témoignaient que, fidèle miroir,
L'onde en découvrait plus qu'elle n'en eût dû voir.
Roses de la pudeur ! qu'il est beau ce nuage
Qui s'abaisse soudain sur un jeune visage,
Quand l'âme s'est émue aux plus légers pensers !
Telle au milieu des lys, sous ses feuilles placés,
La rose vient s'ouvrir ; telle aux feux de l'aurore
Une blanche vapeur de pourpre se colore.

Quand la vierge debout sur les nattes d'osier
Qui plongeaient sous les eaux et formaient escalier,
Se dressait, sur son corps versant l'onde limpide,
On eût dit à la voir une cariatide.
Son éclat surpassait l'éclat des plus beaux lys,
Et ces marbres que l'art avec soin a polis.
Bientôt Benedetta, rougissante et timide,
Abandonne le bain ; sur son beau corps humide
La laine vient s'étendre ; en gestes gracieux
Elle allonge les bras pour tordre ses cheveux,
Et puis elle s'avance, et sa robe qui traine,
Vient frapper ses talons comme un manteau de reine.
Belle, majestueuse, et sur son col charmant
Laissant ses longs cheveux onduler mollement,
Sur un doux canapé que parfume la rose,
La jeune fille, enfin, nonchalamment se pose ;
Elle sonne, on accourt : — Apportez-moi le thé,
Dit-elle. Un guéridon tout-à-coup est dressé.
D'une aiguière d'argent, à travers l'étamine,
Le thé coule à flots d'or dans la tasse de Chine.
Son repas terminé, de vêtements nouveaux
Se couvrant, elle va retrouver ses travaux.
La laine aux légers fils, dans ses beaux doigts de rose,
En globes arrondis, promptement se dispose,
Tandis que devant elle un cadre est apporté
Sur un double support avec soin apprêté.

Les yeux y sont ravis d'un admirable ouvrage :
C'est un groupe entouré d'un frais et doux feuillage.
Deux enfants, les plus beaux que l'on ait jamais vus !
Anges au ciel ravis ! ces pieds, ces beaux pieds nus !
L'attitude charmante et l'innocent sourire,
Et cette expression qu'on ne saurait décrire !
Oh ! les jolis enfants ! Doux habitants des cieux,
Vos visages n'ont point un air plus gracieux !
L'un avait le front large, et sa haute stature,
De l'homme trahissait la puissante nature ;
Ses cheveux étaient noirs. Un front limpide et pur,
Des cheveux blonds tombants, des yeux d'un bel azur
Souriants, le maintien et la pose gentille,
Que seule peut trouver la blanche jeune fille,
Sur l'autre avec amour arrêtaient les regards.
Un ciel où se jouaient des nuagés épars
Comme autant de toisons, par l'effet des nuances,
Semblait fuir au-dessus, à de larges distances.
Leurs mains tenaient un nid ; à peine épanouis,
De petits cardinaux comme autant de rubis
Etincelaient ; aux coins de la toile charmante,
On voyait, d'un côté, la colombe éclatante,
Jouant sur les gazons par la fraise rougis ;
De l'autre, l'émeraude au col des colibris
Ruisselait, et plus loin, au sein de la verdure,
Mêlée à des fleurs d'or, la neige la plus pure

Balançait ses flocons sur de légers rameaux ;
Les larges bananiers recourbaient en arceaux
Les tiges d'où retombe une olive élégante
Qui semble une améthyste à la branche pendante ;
Tout autour du dessin, la fleur de l'oranger
Où de beaux filets d'or viennent se dégager
De l'élégant abri d'une blanche corolle,
Serpentait au milieu de mainte foliole.
La pourpre vive et l'or, sous ses habiles doigts,
Se mêlaient avec art, et, par un heureux choix,
En dessin, en couleur, égalaient la peinture.
Benedetta, vraiment, était d'une nature
Patiente au travail ; cependant, brusquement,
Rejetant son ouvrage, elle reste un moment
Pensive, le visage empourpré... Frémissante
Elle saisit sa harpe, et d'une main tremblante,
Sans doute pour calmer le trouble de son cœur,
Elle effleure la corde et, pleine de douceur,
Sa voix se mêle aux sons de la harpe vibrante.
Tantôt elle soupire, et, faible, nonchalante,
Sur des tons langoureux glissant avec amour,
Elle semble rêver voluptueux séjour,
Promenade discrète et délirante flamme.
Tantôt la noble ardeur qui vient ravir son âme
Élevant sa pensée aux sublimes concerts,
Elle chante l'esprit qui créa l'univers,

Et toujours de beaux sons sachant ravir l'oreille,
Elle égare sa voix de merveille en merveille ;
Elle chantait encor, lorsque Jeanne entre et dit :
Mademoiselle, il est déjà plus de midi ;
Le comte de Turfos, avec impatience,
Vous attend dans la salle. — Oh ! de grâce, silence !
Répond Benedetta, que ce nom fit trembler ;
Jeanne, je t'en supplie, oh ne viens point parler
De Turfos à mon cœur. Et la pauvre petite,
Tout en larmes, nommait sa chère Marguerite.
Jeanne était une brune à l'œil vif et perçant,
Soubrette au doux parler, qui d'un air caressant,
Savait toujours mener chaque chose à sa guise ;
Soyons justes aussi : le baron donnait prise
A la ruse, en voulant que sa fille oubliât
Son amour pour Montfort et se sacrifiât
Au comte de Turfos, dont la face vieillie
Témoignait qu'il avait abusé de la vie.
Jeanne, d'un air narquois, disait que de Montfort
Il fallait, par un mot, enfin fixer le sort,
Et ne point le laisser toujours en espérance.
Le comte, disait-elle, avait son importance
Aux yeux de ce garçon, et pouvait lui donner
La crainte qu'on le pût enfin abandonner.
Benedetta gardait le plus profond silence ;
Pour sortir, vers la porte enfin elle s'avance,

Fait signe à sa suivante et, prenant l'escalier,
Descend, à pas traînants, vers la salle à manger.

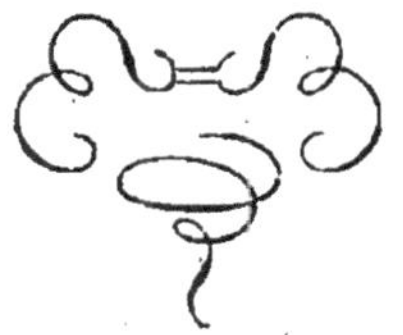

II.

Quand ce bruit, dernier son d'une note mourante,
Qui s'éteint par degrés sur la lyre vibrante,
Faible et charmant écho des amours de la nuit,
(Amours que sur la branche, au mol duvet d'un nid,
Berce languissamment une brise légère,)
Soupire, en ce sommeil qui règne sur la terre,
Voix au rêve échappée, hymne mystérieux
Qui flotte comme un songe et monte vers les cieux,
Comme au souffle du soir les fleurs épanouies,
L'âme s'ouvre soudain aux douces rêveries,

Cette pure rosée y verse son nectar,
Vers le ciel étoilé se tourne son regard.
Laissant flotter au vent sa robe parfumée,
Cet ange se souvient de sa patrie aimée
Et se laisse entraîner par cet ardent amour,
Sur l'aile de l'idée, au céleste séjour.
Qu'ils sont doux les moments où, libre de sa chaîne,
L'âme semble monter vers la céleste plaine !...
S'abandonnant sans doute à ce charme secret,
Benedetta semblait, le regard tout distrait,
Bercer sur son balcon la douce rêverie.
Son âme, en ce moment, était comme attendrie.
Ecoutez : qu'ils sont doux, qu'ils sont bien modulés,
Ces airs qui du roseau lentement envolés
Viennent, avec amour, caresser ton oreille,
O blanche jeune fille ! Oh comme elle s'éveille
Ton âme, à ces accents doux et pleins de langueur !
Tu soupires, enfant, car ils te vont au cœur,
Ils te parlent d'amour ! Tu reconnais cette âme
Dont souvent un regard vint te trahir la flamme !
D'une mourante voix : — Oh ! Jeanne, oh ! c'est assez,
Disait Benedetta, les sens bouleversés ;
Oh ! cours, dis à Montfort qu'il s'éloigne..... Eperdue
Jeanne court, et bientôt, près d'elle revenue :
— Si vous saviez, dit-elle, oh oui, si vous saviez
La peine de Montfort, oh vous le plaindriez !

Il pleure en répétant : « Oh ! devant que l'aurore
M'éloigne de ces lieux, je veux la voir encore. »
D'un sot et faux scrupule éloignez donc l'ennui
Et laissez-vous, par moi, mener jusques à lui.
Toutes les deux, ainsi, s'approchent de la grille.
Oh ! que de fois alors, que de fois, jeune fille,
Triste tu t'arrêtas, et là, dans le chemin,
De Jeanne, tout en pleurs, tu vins saisir la main
En disant : — Je fais mal, retournons. O ma mère
Si tu m'apercevais !... Je tremble que mon père...
— Il faut, répondait Jeanne, au moins le consoler ;
Je ne voudrais pas voir un garçon s'en aller
Tout en pleurs, m'accusant d'être froide et cruelle,
Et me jetant peut-être un sort ! Allons, dit-elle,
Dites-lui quelques mots, et puis il s'en ira.
Jeanne ainsi l'entraînait. Déjà Benedetta
Etait près de Montfort ; tous deux sous l'influence
De leur timide amour, demeuraient en silence,
Immobiles, de peur ils paraissaient trembler.
Jeanne, au bout d'un instant, parvint à s'en aller.
Benedetta voulut s'élancer sur sa trace ;
Mais Montfort, à genoux, la retient : — Oh de grâce !
Lui dit-il, demeurez, ô vierge, ô mes amours !
Si vous m'abandonnez, c'en est fait de mes jours.
Ma vie, oh ! oui, c'est vous ! Votre chère présence
Est un baume si doux que déjà l'existence,

L'existence si triste et dont, plus d'une fois,
J'ai songé froidement à secouer le poids,
Me parait à présent, près de vous que j'adore,
Reprendre, de nouveau, les clartés de l'aurore.
Doux parfum de l'amour, docile à mes accents,
Accours à ce séjour, viens captiver ses sens;
Que ma Benedetta, sans effort et sans crainte,
Se livre nonchalante à mon ardente étreinte !
Viens, ô mon doux trésor, que ton souffle embaumé
S'abaisse un seul instant sur mon front enflammé ;
Que tes lèvres de rose, à ma bouche brûlante
S'attachent ! oh guéris ma fièvre dévorante !
Déjà Benedetta, les regards languissants,
Sous les feux de l'amour laisse abattre ses sens ;
Elle cherche à parler ; mais dans l'ardente flamme,
Elle voit expirer les forces de son âme.
C'en est fait de la vierge ! En vain elle a lutté ;
Déjà, déjà Montfort, ivre de volupté,
Se suspend amoureux à sa bouche tremblante,
Comme un chevreau lascif à la feuille pendante !
Soudain, le plomb qui siffle et qui porte la mort,
Part et vient effleurer la tête de Montfort.
Au fracas du salpêtre éclatant en furie,
Benedetta s'affaisse et tombe évanouie.
Montfort ne sait pas craindre, il lutte, il se débat ;
Mais le nombre l'emporte, et sanglant il s'abat.

Pendant que de son sang il inonde la terre,
Le baron de Bedfort, d'une voix de tonnerre,
S'écrie : — Eh bien ! garçons, le manant est-il mort ?
— Il semble respirer, mais il n'est pas bien fort,
Lui répond un valet ; s'il faut que je l'achève...
Si monseigneur désire... — Oh conservons la sève !
Reprend le dur baron, je veux l'humilier ;
Enlevons tout d'abord, et sans la réveiller,
La malheureuse enfant, cause de notre peine.
Hélas ! il est donc vrai, précaution est vaine !
La noble de Bedfort, au plus obscur manant
Que parfois elle peut voir en se promenant,
Oubliant à jamais le nom de sa famille,
Donnera, sans remords, sa foi de jeune fille !
Allons, qu'on la transporte à sa chambre à coucher ;
Quant à lui, dont le sang me parait s'étancher,
Au pavillon du Nord, couchons-le sur la paille;
C'est bien assez, ma foi, pour si vile canaille !
Montfort revient à lui. Toutefois entendant
Le farouche baron, qui sort en répétant :
«Vous n'aurez pas grand mal, car je crois qu'il sommeille,
Cependant, je l'exige, il faut qu'on le surveille.»
En habile écouteur, il n'ouvre pas les yeux ;
Et lorsque, près de lui, les valets curieux
Vinrent, lumière en main, il se tint immobile.
— Ma foi ! dit l'un des deux, il me semble tranquille,

Si nous faisions un somme ? Au diable de Bedfort
Qui veut que l'on surveille un homme à moitié mort !
Cela dit, nos valets improvisent leur couche ;
L'un sur un canapé, nonchalamment se couche ;
L'autre sur les coussins d'un immense fauteuil
Se laisse retomber et bientôt ferme l'œil.
Quand Montfort entendit leurs ronflantes narines
Chasser l'air, avec bruit, de leurs larges poitrines,
Se sentant bien remis, ne perdant plus de sang,
Il se lève à demi, réfléchit un instant,
Puis soudain, à bas bruit, vient ouvrir la fenêtre
Par laquelle, bientôt, il saura disparaître ;
De là, tout doucement s'approchant des valets,
Il leur prend à tous deux leurs pesants pistolets,
Qu'il met à sa ceinture ; il s'arme d'une épée,
Quant à l'autre il la jette au loin par la croisée,
Et puis il disparaît, grâce à l'obscurité,
Laissant les deux dormeurs ronfler en sûreté.
Il touchait à la grille, un contre-temps l'arrête ;
Il écoute, il regarde, et déjà l'arme prête,
Il se glisse aux fourrés, et là, ne bougeant pas,
Il entend clairement un certain bruit de pas.
Bientôt il aperçoit, à travers le feuillage,
Du baron de Bedfort le farouche visage ;
La fureur le transporte, il se glisse au chemin
Que suivait le baron, et, pistolet en main,

Il se présente à lui comme un pâle fantôme.
La peur saisit Bedfort, il recule ; est-ce un homme,
Est-ce un esprit? dit-il ; réponds-moi donc?—Bedfort!
C'est bien moi que tu vois, ce manant de Montfort,
Cette vile canaille à qui tu faisais grâce
Pour mieux l'assassiner, baron de noble race.
J'ai ta vie en mes mains ; tu vois ce pistolet
Dont je pourrais, ma foi, te foudroyer tout net ;
J'aime mieux te laisser me disputer ta vie.
Allons, aligne-toi, car je me sens l'envie
De fouiller dans ton corps et d'y chercher ton cœur,
Pour voir s'il donnera du sang de grand seigneur.
Bedfort tire l'épée : une première passe,
Deux, trois, quatre se font ; enfin, de guerre lasse,
Bedfort presse ses coups. D'un faible coup de main
Montfort l'a désarmé : — Va-t'en, noble vilain,
Va-t'en ! lui dit Montfort, la leçon est donnée ;
Mais pour mieux te punir, j'emporte ton épée,
Tu peux voir qu'assez bien je saurai m'en servir ;
Et puis vers son logis il songe à revenir.
Le jour brillait à peine, une lettre pressée,
Par une main connue à Montfort adressée,
Lui tremble dans les mains : C'était Benedetta,
Qui redoutant pour lui quelque fâcheux éclat,
Lui traçait en ces mots sa volonté dernière :
Montfort, je vous aimai ; c'est moi qui la première

D'un imprudent amour vins allumer les feux ;
Je vous aimais déjà quand vos ardents aveux,
De votre noble cœur me trahissaient la flamme ;
Je vous prie aujourd'hui, pour mon nom, pour mon âme,
D'abandonner ces lieux d'où je dois, désormais,
Etrangère au plaisir, m'éloigner à jamais.
Pour effacer ma faute et calmer ma famille,
J'entre dans un couvent, dont la pesante grille
Doit entre vous et moi s'élever pour toujours !
Adieu ! vivez en homme, oubliez nos amours !

LIVRE TROISIÈME

I.

LE CIMETIÈRE

Dieu, comme tout est morne ! oh l'horrible silence !
Qu'il est noir le cyprès qui là-bas se balance !
Comme la cloche sombre, aux échos lentement
Promène de son glas le sourd bourdonnement !
Minuit !... ô sombre cloche, hélas, à leur demeure,
Dans tes sons cadencés en vain tu hurles l'heure !
Le lourd marteau d'airain sur tes flancs est tombé,
Marquant pour nous le temps, pour eux l'éternité !...
N'est-ce point un fantôme?... Oh non, c'est une image
Que la lune, sortant d'un ténébreux nuage,

Sur le sol inégal et les marbres polis,
Déroule à nos regards comme un voile à longs plis.
Dieu! comme tout est calme! On n'entend sur la terre
Que la feuille qui glisse et fuit sur la fougère!
Et ce doux frôlement, imperceptible bruit?...
C'est un pauvre oiselet qui se meut dans son nid.
Une feuille, un oiseau peuvent se faire entendre ;
Et là repose l'homme, et muette est sa cendre !
Silence !... Une visite à cette heure !... Oh quel deuil,
Alors que tout sommeille, amène sur ce seuil,
Courbé sous la douleur et la tête baissée,
Et le front assombri d'une triste pensée,
Cet homme encor si jeune, et dont les pas traînants
Annoncent qu'un malheur a flétri son printemps !
Avez-vous quelquefois, navré par la tristesse,
Senti sur votre esprit comme une nuit épaisse,
Comme une lourde chaîne aux anneaux écrasants,
Dont la masse nous courbe et pèse sur nos sens ?
Pas une larme à l'œil et pas la moindre plainte,
Une douleur muette en son horrible étreinte,
Nous réduit au néant. Eh bien ! il en est là ;
La douleur en a fait un cadavre déjà.
Rappelez-vous ce jour où, dans le cimetière,
Chancelant, demi-mort, penché sur une bière,
Vous la suiviez des yeux, lorsqu'à force de bras
Elle entrait dans la fosse et glissait jusqu'au bas ;

Surtout quand sur le corps, à large pelletée,
Par quatre fossoyeurs, la terre fut jetée ;
Les coups retentissant au fond de votre cœur,
Vous faillites, vraiment, expirer de douleur.
Ce jour était pour vous un jour bien misérable !
Eh bien ! le sort parfois, le sort inexorable
Vous navre plus encor : c'est lorsque sans appui,
Sans un mot d'amitié qui soulage l'ennui,
On vient traîner ici le poids de sa souffrance
Et sonder d'un tombeau le stérile silence !
Pâle, Montfort s'avance, (oh ! vraiment, qui de vous
L'eût pu voir sans pleurer?) il tombe à deux genoux :
O toi, dit-il, que Dieu vint choisir sur la terre
Pour porter dans ton sein un rebut de misère,
A ce regard éteint, à ce front abattu,
Nourrice de mes jours, me reconnaîtrais-tu ?...
Sans espoir, sans appui, pâle ombre de moi-même,
Courbé sous mon destin comme sous l'anathème,
Enfant défiguré de gens qui, sur leur front,
Jamais, sans le venger, n'ont pu sentir l'affront :
Résigné malgré moi, tout frémissant de rage,
Sans pouvoir le punir, expirant sous l'outrage,
Ma mère me voici !... C'est moi tel qu'ils m'ont fait,
Ces gens qui peuvent tout, jusqu'au plus noir forfait,
Ces gens chez qui l'audace à la force est unie.
Et qui savent d'un nom couvrir une infamie !

Mon Dieu, que j'ai souffert ! forcé d'être muet
Quand..... La faiblesse, hélas ! est un fatal arrêt !
Mais colère gardée est un sombre nuage
Qui porte dans ses flancs le plus terrible orage ;
Aussi méfiez-vous, ô vous que le sommeil
Berce tout mollement sans songer au réveil !...
Si je pouvais un jour, secouant toute entrave,
Déchaîner ma fureur comme un torrent de lave,
Et de ses flots brûlants dévorer leurs blasons,
Leurs superbes châteaux et leurs riches maisons,
Et ces gros revenus dont s'enfle l'insolence
Et qui seuls, à ces gens, donnent quelqu'importance !
Si je pouvais un jour..... Mais hélas ! malgré moi,
O mère, je me sens adoucir près de toi.....
Astre dont la lumière, en la céleste plaine,
Comme un disque d'argent lentement se promène,
Tu n'es plus, aujourd'hui, que le simple miroir
D'un astre sans lequel on ne pourrait te voir ;
Tu n'es rien, et pourtant, chose bien étonnante,
Le malheur te réclame en sa fièvre brûlante !
L'homme quand il se voit aux portes du trépas,
Prête l'intelligence à ce qui ne vit pas,
Comme s'il essayait de ressaisir la vie
Qu'il se voit, ici-bas, par le destin ravie !
N'ayant plus un seul cœur à qui se révéler,
Il parle à la nature et l'écoute parler.

Les yeux levés au ciel : Astre, tu n'as sans doute,
Disait Montfort, partout où ton immense route
Promène de tes feux les timides rayons,
Dans les riches cités comme aux humbles sillons,
Sur un plus grand malheur jeté clarté plus sombre !
Ténèbres de la nuit, vous pouvez dans votre ombre,
Sous un nuage épais aux sinistres replis,
Tenir les éléments sept fois ensevelis ;
Vous ne pourrez jamais, dans cette lutte infâme,
Egaler cette nuit qui pèse sur mon âme !
Que la vie est à charge à qui souffre toujours !
Laissant tomber son front : Cruels, cruels détours!
Lente et lâche agonie ! et pourtant ô misère,
Il faut, dit-il, briser le lien qui, sur terre,
Me tient encor captif ! Oui, ce faible lien
Me pèse, et pour mon cœur, sur terre, il n'est plus rien!
Elle est froide la tombe où repose ma mère !...
Et la mienne, bientôt !... O coupe, ô coupe amère!...
Quand un infortuné se soutient d'une main
Au-dessus d'un abîme, où l'erreur du chemin
L'a jeté par hasard, qu'il voit qu'une racine,
Qui le tenait encor, se détache et s'incline;
Qu'il sent bien qu'à la fin, malgré tous ses efforts,
L'arbuste va céder sous le poids de son corps ;
Il reste anéanti !... Tel est, dans sa misère,
L'homme, quand il se sent impossible sur terre.

L'orage du malheur, dans son noir tourbillon,
L'enveloppe, l'entraîne et le jette d'un bond
Au roc du désespoir, ville sombre et déserte,
Dont la porte, sans jour, sur l'enfer est ouverte.
Infortuné jeune homme, il errait dans ces lieux,
D'un pas tranquille et lent, triste, silencieux,
Comme insensible ! Enfin, vers la porte il s'avance,
En murmurant ces mots, infernale sentence :
« Oreiller de la tombe, oh ! malgré ton horreur,
je te préfère encore à celui du malheur ! »

La terre s'éclairait des lueurs de l'aurore,
Et, bien que le sommeil l'appesantit encore,
Les feuilles bruissant au souffle du zéphir,
D'un murmure charmant, ou plutôt d'un soupir,
D'un soupir qui semblait une douce prière,
Le monde de son roi saluait la lumière.
Les coqs, à leur réveil, envoyaient tour à tour,
Leur chant sonore et clair aux premiers feux du jour.
Bientôt sur l'horizon une flamme sortie
Etale les reflets d'un immense incendie ;

Déjà petits oiseaux s'élancent de leurs nids,
Et jetant dans les airs leurs mille petits cris,
Voltigent tout joyeux au milieu du feuillage ;
De ses sons cadencés, la cloche du village,
Dissipant le sommeil sous les rustiques toîts,
Rappelle à leurs travaux les pauvres villageois ;
Tout s'éveille et sourit ; la terre rajeunie,
Le gazon reverdi, la fleur épanouie,
Les parfums que le sol exhale à ce réveil,
Les mille diamants qu'allume le soleil,
Et les longs fils d'argent, flottant sur la prairie,
Et l'onde qui miroite à la rive fleurie,
Le nuage de neige aux contours floconneux,
L'alouette qui monte, en sifflant, vers les cieux,
Le zéphir parfumé, sous son aile légère,
Secouant du matin les larmes sur la terre,
Tout saisit, tout transporte, et d'un charme enchanteur,
En l'élevant au ciel, vient enivrer le cœur.
Tout nous parle de Dieu ; de la plus pure flamme,
Tout à ce beau moment vient embraser notre âme ;
Mais surtout ces concerts, cette admirable voix,
Ces mystiques accords qui montent à la fois
Des forêts, des vallons, comme une hymne sacrée,
Par la terre, au Seigneur, le matin soupirée,
Qui pourrait les traduire et rendre, par des mots,
Ce que dit le matin aux timides échos ?

O chef-d'œuvre de l'art, ô statue étonnante,
Où de ressorts secrets la méthode savante.
Aux rayons du soleil, sans secours, sans efforts,
De sons harmonieux assemblait les accords ;
Seul tu rappellerais, ô merveilleux ouvrage,
Du monde s'éveillant, le sublime langage !
Admirable nature, il faut qu'un pauvre cœur
Soit bien exténué par les coups du malheur
Pour n'être plus sensible aux beautés de l'aurore !
Hélas ! tel est Montfort, que le chagrin dévore !
Sur le tronc d'un vieux chêne appuyé ; dans sa main,
Dans sa main qui frémit de cet acte inhumain,
Sous l'empire effrayant d'une terrible envie,
Tourmentant l'instrument qui doit finir sa vie,
De ses yeux incertains il promène au hasard,
Aux cieux, autour de lui, le lugubre regard.
Il est là ; sous ce poids son âme qui succombe,
Mesure avec effroi l'abîme de sa tombe !
Bientôt de sa poitrine un sourd gémissement,
Un sanglot étouffé s'échappe, et tristement,
Des cruelles terreurs dont son âme est remplie,
Il laisse dans ces mots s'exhaler la folie :
« Me voilà sur le seuil de l'éternelle nuit !
Indicible tourment, un doute me poursuit !
Où vais-je ? qui le sait ? qui connait ce voyage
Où plus d'un malheureux peut-être a fait naufrage ?

De ce vaste océan qui n'a ni ciel ni bords,
Le calme m'épouvante ! Où sont-ils donc tes ports,
O mer silencieuse aux ondes immobiles ?
A trouver tes écueils, mes yeux sont inhabiles ;
Dans ton nuage épais se perdent mes regards ;
Ils plongent, mais en vain, et reviennent hagards !
O doute, ô doute affreux ! problème qui m'étonne !
O mort tu me fais peur ! malgré moi je frissonne.....
Pourquoi donc, aujourd'hui, le monde est-il en deuil ?
Je regarde et je vois, comme autour d'un cercueil,
La tristesse à l'œil morne, à la pâle figure,
Suspendre un voile noir au front de la nature !
L'oiseau ne chante plus, il me semble pleurer ;
L'insecte, en son murmure, a l'air de soupirer.
Une brise inconnue erre dans le feuillage ;
Tout est, à mes regards, d'un sinistre présage.
Adieu, ma bien-aimée, ah ! parfois quand les vents
Viendront bouleverser les vastes éléments,
Et la mer et la terre, au milieu de l'orage
Qui portera partout l'horreur et le ravage,
Si d'un gémissement le son tendre et plaintif
Vient troubler les pensers de ton esprit craintif,
Songe alors à Montfort, dont l'âme désolée,
Un jour, loin de ces lieux, seule s'est envolée !
A ce gémissement, réponds par un soupir,
C'est ma seule prière au moment de mourir !...

Mais pourquoi me bercer d'une folle espérance ?
Peut-être qu'en son cœur la froide indifférence,
L'insultante pitié qui, souvent, donne tort
Quand elle semble plaindre, accusera ma mort !
O sort impitoyable ! ô l'affreuse pensée
Qui vient peser encor sur mon âme épuisée !
Faudra-t-il donc qu'un jour quelque riche doré,
Que pour elle on aura de la fange tiré,
Quelque jeune vieillard, lassé de sa maîtresse,
Vienne la fasciner d'un semblant de tendresse
Et surprendre son cœur ! (car d'elle il se rira
Et vers son sale égoût bientôt retournera).
Et moi, moi pauvre cœur qu'une flamme dévore,
Qui l'aurai tant aimée, ah ! moi qu'elle aime encore,
Je ne serai plus rien, pas même un souvenir !
Oh vraiment, c'en est trop, ô mort tu peux venir !...
Mais tu m'entends, ô mort, déjà ton voile sombre
Sur mes yeux obscurcis vient étendre son ombre !...»

.   .   .   .

En ce suprême instant, resplendissaient les cieux;
Le soleil, dans son plein, inondait de ses feux,
Et la superbe voûte où règne l'atmosphère,
Et la face des eaux; et sur toute la terre,
De ses mille rayons apportant les bienfaits,
Epanchait la chaleur et les plus beaux reflets.

D'un spectacle si beau la magique influence,
Dans le cœur de Montfort suspendant la souffrance,
Bannit pour un instant, par un transport heureux,
Le lugubre tableau de ses pensers affreux.
L'univers tout entier, un astre magnifique,
Eblouissant, parlaient au cœur le plus sceptique.
Mais, hélas ! tout semblait être en deuil pour Montfort.
Et bientôt il revint à ses pensers de mort :
« Soleil, soleil, dit-il, ta gerbe d'or m'inonde ;
Et pourtant je me perds dans une nuit profonde !
Sous tes feux, autrefois, je me plaisais aux champs,
Lorsque des papillons, sur les fleurs voltigeants,
Je poursuivais, armé d'une gaze flottante,
Enfant aux longs cheveux, la course tournoyante !
J'étais heureux alors ! Sous ta douce chaleur,
Mes membres excités prenaient de la vigueur !
Hélas, comme tout change ! En ce jour à ta flamme
Se mêle un sombre teint qui vient troubler mon âme !
Ta lumière, si belle autrefois à mes yeux,
Me présente aujourd'hui les plus horribles feux.
Des antres infernaux on dirait que sortie,
Une flamme lugubre, ainsi qu'un incendie,
Déroulant sa spirale au monde épouvanté,
Vient jeter devant moi son affreuse clarté !...
La torche des tombeaux au firmament s'allume !
Comme un pâle linceul, je vois flotter la brume !

Tout m'appelle au trépas. Allons, sonnez aux morts !
Hurlez, cloches, hurlez vos lugubres accords !
O terre entr'ouvre-toi, laisse au fond de l'abîme,
Sans pleurs et sans regrets, descendre ta victime ! »
Déjà l'arme fatale appliquée à son front,
Allait finir son doute, et d'un trépas trop prompt,
Le malheur, tout d'un coup, allait à bien des peines
Apporter le néant ou de nouvelles chaînes ;
Une main le saisit et l'étreint fortement.
Montfort s'est retourné ; muet, sans mouvement,
Il reste devant vous, ô prêtre vénérable,
Qui de ses pas alors, d'une main secourable,
De ses pas imprudents redressates l'erreur !
Montfort, en ce moment, pâlissait de terreur ;
A ses yeux égarés, le prêtre sut comprendre
Qu'un esprit si troublé ne pouvait rien entendre ;
Aussi, sans rien lui dire, il le prend par la main
Et lui fait, à pas lents, regagner le chemin.
Ils arrivent bientôt auprès du cimetière.
A l'ombre d'un cyprès, une modeste pierre
Se dressait sur un tertre où croissait le gazon ;
Montfort la reconnaît, et soudain la raison,
Avec le souvenir d'une mère chérie,
Vient rendre la lumière à son âme attendrie.
O trésors d'un bon cœur, oh que ne faites-vous ?
Montfort, tout sanglotant, était à deux genoux.

L'instant était venu de parler à cette âme ;
Aussi le bon pasteur, sans recourir au blâme,
Sans user de grands mots à la bible empruntés,
Sans vouloir le confondre en termes irrités :
« Mon pauvre enfant, dit-il, demande à cette mère
Qui sut pendant trente ans supporter sa misère,
Demande-lui pardon de ta coupable erreur ;
Songe, songe mon fils, combien de fois ce cœur
Qui n'est plus que poussière, a dû souffrir ! Cette âme,
Sais-tu que pour toi seul, dans le corps d'une femme,
D'un homme au cœur de fer elle avait la fierté !
Que du malheur, enfin, son courage a bravé
Les coups pour son enfant ? O sublime délire !
Elle oubliait ses maux en te voyant sourire !
Et tu voudrais mourir !... Oh si de ce grand cœur,
Dans ses justes desseins, le divin Créateur
Veut encore éprouver la sublime nature,
Il a dû, cette fois, le mettre à la torture ;
Et si, pour arriver au séjour des heureux,
Il faut des châtiments subir les plus affreux,
Enfant, souviens-toi bien qu'en ce jour de misère,
Tu peux être, à ton tour, le bourreau de ta mère ! »
Sa voix était tremblante en prononçant ces mots.
Montfort, agenouillé, suffoquait de sanglots.
Le front dans les deux mains et la tête baissée,
Il semblait dans la honte abîmer sa pensée.

Enfin le bon pasteur, d'un ton plus adouci,
Lui dit : « Mon pauvre enfant, écoute bien ceci :
C'est moi qui sur ta tête, aux sources du baptème,
Appelai du Seigneur la clémence suprême,
Et de tes premiers ans le fidèle gardien,
T'instruisis, tout d'abord, à connaître le bien ;
C'est ma voix, tu le sais, au grand jour de la grâce,
Qui dans ton jeune cœur, à Dieu trouva sa place,
Lorsqu'au pied de l'autel, en paix agenouillé,
Tu vis descendre en toi, d'un mystère voilé,
Ton Dieu. Lorsque la mort vint t'enlever ta mère.
C'est moi qui te soutins par la douce prière ;
C'est chez moi qu'on te vit épancher ta douleur ;
C'est là, c'est dans ce sein que tu versas ton cœur,
Et tu veux que ma main, sur ta mort qui blasphème,
S'étende avec colère, et d'un juste anathême
Condamne ton cadavre, enfant que j'ai bercé,
A traîner dans la boue, à la honte laissé.
Oh ! c'est bien mal à toi ! Tu devais me connaître
Et ménager l'ami, si tu blesses le prêtre. »
Le brave homme se tut. On entendit alors,
De ses pleurs étouffés, les déchirants efforts.
Doux pleurs de l'amitié, que vous avez de charmes !
Coulez, coulez encore, ô précieuses larmes !
Que dans ces doux sanglots s'épanche la douleur !...
Enfin, le bon vieillard, faisant taire son cœur,

Prend le bras de Montfort, qui se trainait à peine,
Sur un banc de gazon, doucement il le mène.
Lorsqu'ils furent assis, après que les sanglots
Eurent enfin cessé : « Tu te plains de tes maux,
Tu te plains, ô Montfort, lui dit alors le prêtre ;
Tes bourreaux, plus que toi, sont à plaindre peut-être ;
Le bras qui t'a frappé sera bientôt brisé ;
Le regard qui t'insulte, humblement abaissé,
D'une prompte vengeance assouvira ta haine.
De colère et de sang toute la France est pleine ;
Le jour, le jour approche où le peuple en courroux,
Vengera ses affronts par de terribles coups !
Le vieux monde s'écroule, et l'antique noblesse
Me parait, en ce jour, un navire en détresse.
Si l'on se contentait de punir le sommeil
Des nobles nonchalants, sans briser leur réveil,
J'applaudirais peut-être aux coups de la tempête ;
Mais je crains trop, vraiment, que le coup qui s'apprête,
Du chêne féodal abaissant le sommet,
N'arrache sa racine et l'enlève tout net.
Quant à toi, mon ami, si de ton âme ardente
La fureur te poussait à la lutte sanglante,
Souviens-toi que ta mère eut un nom autrefois,
Et que ce nom fut cher au meilleur de nos rois.
— Père, répond Montfort, écoutez ma prière :
Je vous prie, aujourd'hui, par le nom de ma mère,

Si jamais la tourmente arrive jusque là,
De n'éloigner jamais de vous Benedetta.
—L'amour, toujours l'amour ! Pauvres enfants qui croient
Que jamais, dans l'oubli, les amours ne se noient !
Va, je te le promets, tant que battra ce cœur,
Benedetta, pour moi, sera comme ta sœur.
Tu vas suivre, aujourd'hui, jeune et beau militaire,
De tes nobles aïeux l'héroïque carrière;
Souviens-toi que le fer est placé dans ta main
Pour punir des méchants le pouvoir inhumain.
Frappe tes ennemis, mais frappe-les sans haine ;
Que sur le crime seul ta fureur se déchaîne.
Si mon humble prière est agréable à Dieu,
Ici, partout pour toi, je vais prier ; adieu ! »

LIVRE QUATRIÈME

I.

C'est l'heure où des enfants, comme de tendres roses,
Par le plus doux sommeil les paupières sont closes.
Il est nuit... Tout repose, excepté Manthésis.
Qu'a donc la magicienne, à l'heure où tout Paris
Dans les bras de la nuit dort avec confiance ?
A-t-elle à des travaux de magique science,
Pour l'heure des esprits, fuyant les indiscrets,
Réservé de son art les terribles apprêts ?...
Mais pourquoi des flambeaux court ainsi la lumière ?
Pourquoi sur ces rideaux cette ombre passagère ?

La magicienne, hélas ! en proie en ce moment
Aux tortures d'un songe, est dans l'égarement !
Sur son pâle visage une sueur glacée
Ruisselle, et de soupirs sa poitrine oppressée,
En mots entrecoupés laisse échapper sa voix.
Tout vient à son esprit se presser à la fois;
Elle cherche à parler ; mais un vague délire
Enlève son idée à ce qu'elle veut dire.
Enfin à sa servante elle adresse ces mots :
« Regarde sur le sol, le sang y coule à flots !
Et son œil égaré semble en chercher la trace ;
Je veux me souvenir, mais tout fuit et s'efface,
Dit-elle, et cependant le coup je l'ai senti.
Regarde, Marion, mon col est-il meurtri ?
Quel farouche regard avait cette figure
Violant de nos rois la sainte sépulture !
Comme ardent à l'ouvrage et le fer à la main,
S'acharnait sur les morts ce terrible assassin !
— Madame, votre esprit en ce moment s'égare,
Lui disait Marion ; laissez que je prépare
Un breuvage calmant que je vais vous offrir.
— Non, non, dit Manthésis, je me sens revenir ;
Sans doute tout cela n'est qu'erreur et mensonge,
Pourtant, je suis troublée en rappelant ce songe :
Cadavres, ossements ! tout cela me confond
Et me glace d'horreur. — Allons, dit Marion,

Croyez-moi, laissez là vos livres de magie.
Ce pénible travail agite votre vie
Et, trop souvent, hélas ! vous prive de sommeil ;
Que de fois je vous vois fatiguée au réveil,
Sous l'influence encor de quelqu'horrible image !
—C'est vrai, dit Manthésis ; mais pourquoi ce nuage,
Pourquoi tous ces pensers ensemble confondus,
Ces objets que je vois et que je ne vois plus ?
Si du moins je pouvais en ma faible mémoire,
De ce songe effrayant ressaisir une histoire !...
Mais j'ai tout oublié !... tout... mais... assieds-toi là...
Je crois me rappeler... attends... oh ! m'y voilà :
C'était l'heure où tout dort, tout repose sur terre,
La brebis au bercail, le tigre en sa tannière,
La fleur dans son calice et l'oiseau dans son nid,
Cette heure où, dans la paix, tout s'endort et s'unit,
Où tout être vivant se fie à la nature,
Où tout sommeille enfin, excepté l'âme impure
Qui nourrit un projet de vengeance et de mort.
Je me trouvai soudain, je ne sais par quel sort,
Seule en un lieu désert, silencieuse plaine
Où, sans but arrêté, j'allais à perdre haleine.
La lune me semblait d'un aspect effrayant :
Je croyais voir aux cieux une tache de sang.
J'allais, j'allais toujours, et la brise légère
Agitait à mes pieds les feuilles sur la terre.

Tout-à-coup une femme apparaît à mes yeux,
Vieille à mine suspecte, aux vêtements crasseux ;
Je cherche à l'éviter, mais le destin, sans doute,
Me pousse sur ses pas et me met sur sa route,
Chancelante de peur sur ce guide de nuit,
Je marche sans savoir où son pas me conduit.
Je gardais le silence et respirais à peine.
Enfin nous arrivons, au sortir de la plaine,
Dans un certain endroit qui me semble habité,
Faubourg ou, si l'on veut, quartier d'une cité ;
Je dis bien, si l'on veut, car après tout, qu'importe ?
Toutefois, de ces lieux, nous franchissons la porte ;
La vieille, à ce moment, sembla presser le pas.
Je la suivais toujours. Pourquoi ? Je ne sais pas ;
Mais un fatal destin m'attachait à sa trace.
Arrive une autre vieille à la hideuse face,
Aux habits en lambeaux : « Où donc vas-tu par là ? »
Dit-elle, et sur-le-champ mon guide s'arrêta.
« Je vais, lui répond-elle, où mon mari travaille ;
J'ai là, pour le refaire, eau-de-vie et mangeaille ; »
Et la vieille, du doigt, lui montrait son panier.
L'autre alors grimaça d'un air tout singulier ;
Puis, ayant parlé bas, non sans quelque mystère,
Elle indiqua du doigt un endroit solitaire,
Où soudain s'empressa celle que je suivais
De porter à bas bruit ses pas vifs et discrets.

Longtemps je la suivis dans sa route nouvelle ;
Enfin elle s'arrête, elle frappe, elle appelle.
« Il n'est plus là, » dit-elle, et soudain disparait.
Dans l'ombre, à ce moment, ma course s'égarait ;
Je trébuche, je tombe et, souvenir qui glace !
Dans ma chûte, ma main heurte contre la face
D'un mort. Je me relève et je retombe encor,
Et partout, à tâtons, je rencontre la mort !
Je sentais que mon pied pressait un sol humide ;
Je fus folle à l'instant, et de ma main avide
Je me mis à compter les cadavres gisants
Dans la boue et le sang ; les bras tout ruisselants,
Comme un vautour affreux s'acharnant au carnage,
Je rampais occupée à cet horrible ouvrage.
En ce moment passa, roulant avec fracas,
Traîné par trois chevaux qui s'avançaient au pas,
Un tombereau portant, ô scène dégoûtante !
De pauvres égorgés la dépouille sanglante.
Appuyés sur ces corps, et du sang à la main,
Riant, jurant, buvant et mordant à leur pain,
Aux lugubres reflets des lumières fumeuses
Qu'épanchaient autour d'eux les torches résineuses,
Les bourreaux, dans leurs chants, célébraient cette nuit.
Je regarde, et la flamme au-dessus d'eux qui luit,
Près d'un de ces démons me laisse reconnaître
Mon guide au rire affreux, qui caresse son maître,

Ils chantaient, et le sang tombait sur le pavé,
Comme au jardin du roi, dans la saison d'été,
On voit l'eau s'épancher en bruyante rosée
Et tomber clapoteuse au sein de chaque allée.
Ce n'est là qu'un vain songe et pourtant, malgré moi,
Je sens poindre par là quelque secrète loi...
Eh bien ! il faut chercher... Courons à cette table. »
Elle dit, et soudain l'assemblage incroyable
Des mots mystérieux, oracles du destin,
Avec ordre tracés, se montre sous sa main.

II.

Voyez-vous à l'écart, sans colonnes ni dôme,
Ce modeste réduit qu'abrite un toît de chaume ?
C'est là que, chaque jour, viennent de nouveaux rois
Parler de notre France et rappeler ses droits.
Le blasonné qui pense et prévoit sa ruine,
Le savant inspiré d'une raison divine,
Enfin, à chacun d'eux venant donner la main,
Le sage novateur ami du genre humain,
Lorsque du couvre-feu le beffroi sonne l'heure,
S'assemblent chaque jour dans cette humble demeure.

Ce jour est jour de fête, et d'un nouveau venu
Chacun vient d'applaudir le succès imprévu.
Son air grave et soumis, où la noblesse brille,
Témoigne son respect pour la belle famille
Dont il vient pour toujours, dans cet asyle saint,
Sous la foi du serment, d'accepter le destin.
On semble satisfait ; il a subi l'épreuve
Mieux qu'on ne l'attendait d'une nature neuve.
« Montfort, je suis content, lui dit le président,
Vous avez un cœur d'homme à l'âge d'un enfant.
Bien commencé. Songez, en ce labeur immense,
Auquel se sont voués les amis de la France,
Songez que dès ce jour, secondant nos efforts,
Vous allez figurer au nombre des plus forts.
Messieurs, délibérons, je réponds de cet homme. »
On eût dit, à les voir, une nouvelle Rome.
Eloquence, sagesse, et pour la liberté,
Au fond de chaque cœur, dévoûment arrêté,
Tout semblait rappeler ces antiques natures ;
Pourtant, à ces héros, quelques formes impures
S'entremêlaient encor, comme vous l'allez voir.
Un homme se leva, sombre face à l'œil noir,
Au geste impatient, à la rude parole,
Qui des autres, souvent, rejetait le contrôle.
Le silence se fait, et soudain l'orateur,
Dans les termes suivants, s'exprime avec chaleur :

« Déjà ma faible voix, ici, s'est fait entendre ;
Plus d'une fois, déjà, vous avez pu comprendre
Quels étaient les desseins que mon cœur agitait ;
Quand le pouvoir royal en France florissait,
Seul au milieu de vous, j'osai, plein de colère,
Par de sombres tableaux et d'un style sévère,
Des nobles insolents vous peindre les abus ;
Ces discours, aujourd'hui, me semblent superflus.
Mais s'il faut ajouter, pour vous convaincre encore,
Quelques-uns de ces faits que la nature abhorre,
Pénétrez avec moi jusqu'au fond des cachots,
Ecoutez des soupirs, écoutez des sanglots,
De spectres affamés contemplez l'agonie,
Du vice sans pudeur connaissez l'infamie ;
Filles à l'abandon, pères désespérés,
Mariages rompus, époux déshonorés,
Victimes expirant sous les murs des Bastilles,
L'abus dans les couvents, s'abritant sous des grilles,
Connaissez ces horreurs que tolèrent les rois,
Connaissez-les enfin et reprenez vos droits.
Vos droits viennent de Dieu qui vous donna la force ;
De l'arbre social ils ne sont que l'écorce
Ces nobles corrompus dont le bras vous étreint ;
Faites comme le bois que la pousse contraint ;
Faites, sous les efforts de la sève qui monte,
Voler en mille éclats l'écorce qui vous dompte,

Après tout, que sont-ils tous ces empanachés?
Des sépulcres blanchis, de vains titres chargés !
Ils descendent, dit-on, du sang des plus grands hommes!
Leurs pères, au surplus, étaient ce que nous sommes ;
Ils avaient, comme nous, leurs vertus pour aïeux,
Leur noblesse éclatait dans leurs cœurs et leurs yeux.
C'étaient des hommes forts, dont les belles prouesses
Comblent tous ces bâtards d'honneur et de richesses.
Nobles, ils pouvaient l'être ayant assez de cœur ;
Mais que ces dégradés, usurpant cet honneur,
S'enveloppent ici d'un nom qui les accable,
C'est vraiment, à mon sens, un abus misérable.
Qu'au fond de leurs palais ils restent endormis,
Peu m'importe vraiment ; mais leur être soumis,
Souffrir de ces faquins, en paix et sans murmure
Tremblant sous leur pouvoir, mainte mortelle injure,
Travailler pour eux seuls et n'avoir d'eux, pour prix,
Qu'un coup d'œil protecteur et souvent le mépris,
Voilà ce qu'en mon cœur je ne saurais plus taire ;
La mesure comblée excite ma colère.
Il faut terrifier les nobles et les rois
Et par notre vigueur reconquérir nos droits.
La peur, c'est le moyen de soumettre les hommes ;
Elle fait des plus forts de bien faibles atômes.
Qui sait les effrayer sait régir les humains ;
Le sceptre doit tomber s'il tremble dans les mains.

La peur, sachez-le bien, c'est la base profonde
Où viennent s'appuyer les puissances du monde ;
C'est le plus sûr moyen de nous dominer tous.
Elle abaisse les fronts et courbe les genoux.
Sur les marches du trône ou les dalles du temple,
Le pouvoir, à ses pieds, tous les jours la contemple.
Tu trembles, Spartacus ! alors courbe le front,
Esclave de la peur dévore ton affront !
En face de la mort oubliant ta doctrine,
Tu pâlis ! ô sceptique, et ta faible poitrine
En un dernier effort, en un dernier soupir,
Envoie au confesseur un mot de repentir !
Anathême sur toi ! ta doctrine est mensonge !
Ta parole ici-bas ne vaut pas qu'on y songe !
L'humanité sans toi pouvait vivre et penser ;
Comme les ignorants, tu n'as fait que passer !...
Regardez donc les rois et le trépas en face,
Que pour tous les périls votre cœur soit de glace,
Et vous les effrairez ceux d'où vient votre peur,
Ces fantômes masqués d'un prestige menteur.
Alors sous votre bras, dégradée et tremblante,
Courbera les genoux cette foule insolente.
Osez, car la victoire est à vous à ce prix ;
Osez, mais avec force, et vos droits sont repris. »
Ayant ainsi parlé, de sa main abaissée,
Il fait un geste affreux pour peindre sa pensée.

Ce geste abominable a blessé tous les yeux :
On est saisi d'horreur. Abattu, soucieux,
L'auditoire, un instant, reste sans lui répondre.
Enfin, plein de colère et voulant le confondre,
S'élance à la tribune un homme à l'air hautain,
Qui jette à l'orateur ces mots pleins de dédain :
« Bien que votre mépris seul eût dû le confondre,
Je me lève, Messieurs, car il faut bien répondre
A celui dont l'audace a troublé mon esprit ;
Je lis dans tous vos yeux son jugement écrit.
Toutefois il faut bien que le mot de justice
Contre de tels excès se révèle et sévisse.
Si ma tremblante voix trahit ici mon cœur,
N'allez pas croire au moins que je cède à la peur !
Mais mon âme, Messieurs, tout-à-coup s'est émue
En face de celui qui vient, à votre vue,
Par un geste... oh ! sait-il, lui sur qui les regards
Tombent en ce moment, épouvantés, hagards,
Qu'un jour se rencontra dans l'enceinte de Rome,
Un être au cœur de loup qu'avec horreur on nomme,
Qui fit le même geste ; et qu'un juste destin,
D'un exil éternel a su punir Tarquin ?
Sait-il bien que du ciel la justice elle-même,
Par de trop vils excès ne veut point qu'on blasphème,
Et se réserve enfin, quand le crime est en haut,
Le droit de jugement et le droit d'échafaud ?...

Oh ! je n'ai rien à dire en voyant l'assemblée
En face d'un bourreau tout entière accablée ;
Toutefois, laissez-moi, pour mieux l'humilier,
Vous redire ces mots qu'un sénat tout entier,
Le plus sage du monde a cru pouvoir entendre ;
Ces mots sont de César, qui savait bien comprendre
Que par l'opinion le monde est gouverné,
Et qu'un trop grand supplice absout le condamné :
« Le peuple oublie un crime en voyant le coupable
« Sous la main du bourreau succomber misérable. »
Et dans quel temps, ô ciel, tenait-il ce discours !
Alors qu'autour de Rome on voyait tous les jours,
Comme une louve affreuse errer, gueule béante,
Le spectre décharné de l'émeute sanglante ;
Quand déjà le poignard brillait dans le sénat,
Quand partout la terreur nommait Catilina.
Eh bien ! lorsque César, l'intelligence même,
Dans Rome condamnait un châtiment extrême,
Quand il semblait défendre, en plaidant la douceur,
D'infâmes scélérats n'inspirant que l'horreur,
Voudriez-vous ici, contre toute sagesse,
Sans qu'un danger d'Etat vous tourmente et vous presse,
Les condamner à mort et les décapiter
Ces hommes qu'après tout vous devez respecter ?
Ils abusent, dit-on, de leur grande puissance.....
Eh ! faut-il pour cela qu'une affreuse vengeance,

En les condamnant tous pour un pareil excès,
Surpasse d'un seul coup leurs plus sombres forfaits ?
Et puis de ces abus, si j'ai bonne mémoire,
On a souvent grossi la fabuleuse histoire.....
Mais le pouvoir d'un seul est contraire, dit-on,
A la prospérité de notre nation ?
Pourtant, de ce pouvoir la vertu salutaire
Est en tout point semblable au pouvoir d'un bon père.
N'est-ce point, en un mot, ce dont le Créateur
A mis le sentiment au fond de chaque cœur ?
Quand les hommes livrés à leur simple nature,
Ne connaissaient encor que la morale pure
Qui soumet les enfants, sans accord arrêté,
Au père, à qui le ciel donna l'autorité,
Etaient-ils malheureux ?... Plus tard, quand sur la terre,
En vertu d'une loi, féconde et nécessaire,
Qui devait en tous lieux étendre les humains,
Des rois furent choisis par de communs instincts;
Lorsque la nation, obéissante fille,
Ne voyait dans son roi qu'un père de famille,
Les abus, en ces jours, furent-ils plus fréquents?
Et pourquoi, s'ils l'étaient, les peuples mécontents
N'auraient-ils point chassé, dans leur juste colère,
Chaque tyran paré du faux titre de père ?
Mais bien loin de se plaindre, ils se trouvaient heureux,
Ce pouvoir leur semblait approuvé par les cieux.

Pour vous convaincre encor, faut-il à la mémoire
Que je rappelle ici les fastes de l'histoire ?
Faut-il que j'énumère et vous montre à la fois
Les anciens, les nouveaux, gouvernés par les rois ;
Les peuples commençant par cet heureux régime,
Y revenant encor par un instinct sublime ;
Lacédémone, Athène ét Rome, et près de nous,
Ces peuples si nombreux que nous connaissons tous ?
Enfin, sans dire plus, prenons un trait sensible,
Donnons de ce régime une raison plausible.
Les hommes, ici-bas, ont tous été placés
Pour être, par des lois, ensemble associés,
Pour se fondre en un tout qui fixe l'existence,
Car ils n'ont, par eux seuls, aucune consistance.
Eh bien ! sous quel régime ont-ils plus le pouvoir
D'arriver à ce but marqué par le devoir ?
Quel principe meilleur, pour la nature humaine,
Que cette douce loi qui, sans être une chaîne,
Tient un peuple lié, sans peine, sans effort,
Par l'amour, et non point par la loi du plus fort?...
Vraiment j'en ai trop dit, pour ceux qui du parjure
Ne savent plus déjà redouter la souillure ;
Mais pour les gens d'honneur qui, fidèles aux droits,
Se souviennent toujours des nobles et des rois,
Pour ceux de qui le pied, sur les marches du trône,
Ne vint jamais braver une auguste personne,

Ils savent me comprendre, et pour moi c'est assez.
Qu'ils soient donc, aujourd'hui, par votre ordre chassés,
Ceux qui parlent chez nous de mort et de carnage ;
Qu'ils aillent se mêler aux gens de bas étage ;
Qu'ils aillent dire aux leurs qu'ils n'ont, dans notre sein,
Pu jamais rencontrer le bras d'un assassin !...»
Ce discours, où perçait le ton de la noblesse,
Ne parut point à tous d'une extrême justesse ;
Quelques-uns l'approuvaient ; toutefois la plupart,
Tout en louant le zèle, y voyaient un écart.
Pendant qu'en sens divers les propos circulaient,
Que les uns l'approuvant, les autres le blâmaient,
Un jeune abbé parait qui, simple et sans détour,
Sur ce sujet brûlant vient parler à son tour :
« Avez-vous, disait-il, sur le bord d'un cratère,
Entendu bouillonner la lave sous la terre
Et ces sourds roulements qui vous glacent le cœur ?
C'est ce qui se prépare en ces jours de douleur.
Le peuple est un volcan qui gronde sous le trône,
Sur la tête des rois vacille la couronne,
Et le vent qui s'apprête est le vent des tombeaux,
Qui va mettre d'un coup le blason en lambeaux.
Ecoutez : Deux cités, heureuses, opulentes,
Dans le luxe et la paix, belles et nonchalantes,
S'endormaient aux accords des plus suaves chants ;
La masse des palais envahissait les champs,

Sans craindre que le sol, qui s'ébranlait sans cesse,
N'engloutit d'une fois cette immense richesse,
Ces marbres de Paros apportés à grands frais,
L'albàtre d'Orient aux splendides reflets,
Le bronze, l'or, l'airain, dont l'art de la sculpture
Avait, en beaux dessins, épuisé la nature.
Une nuit, tout-à-coup, la terre s'entr'ouvrit,
Une trombe de feu du Vésuve jaillit.
Du sommeil à la mort, sous la lave engloutie,
Du même coup passa chaque ville endormie.
Eh bien ! mon cher Monsieur, le noble nonchalant
S'engloutira de même en son palais croulant ;
Et que vous m'écoutiez ou ne vouliez me croire,
Ma parole est trop vraie, et c'est là votre histoire. »
Le noble, un peu blessé, déjà se préparait
A relever d'un mot le formidable arrêt,
Quand un cri général commande le silence,
Nestor fait, à son tour, parler l'expérience.
C'était un beau vieillard au front large, aux cheveux
Tout de neige. A son air aimable, affectueux,
On devinait son cœur. Sa voix, douce et sonore,
Par de sages conseils vint les instruire encore :
« Si j'avais, leur dit-il, juge des nations,
A discuter, ici, les révolutions
Et la loi qui maintient ou détruit un empire,
Il me faudrait, d'abord, des yeux qui sachent lire

Dans ces événements qui, sans être compris
S'offrent à chaque instant aux vulgaires esprits ;
Connaissance de l'homme et des faits de l'histoire.
Intelligence juste et parfaite mémoire,
Commerce habituel des hommes de mon temps,
Travail de tous les jours et de tous les instants,
Voilà ce que demande un si large problème,
On y fatiguerait Aristote, lui-même ;
Car comment parvenir à suivre du regard
Sans qu'on s'arrête, l'œil impuissant et hagard ;
Comment, sans que jamais s'abaisse la paupière,
Poursuivre sans relâche et partout sur la terre
Ce fleuve, qui commence et finit au néant,
Qu'on nomme destinée et qui, rapide ou lent,
Promène chaque jour, sous la main qui nous mène,
Le cours souvent troublé de l'existence humaine.?
Comment arriver là sans un puissant effort,
Sans l'aigle du génie, à l'intrépide essor,
Cet aigle qui regarde et voit tout dans le monde,
Qui plane dans les cieux, et dans la nuit profonde
Se plonge sans jamais s'égarer dans son vol ?...
Moi donc, que la nature a fixé sur le sol
Et pour jamais banni de la céleste voûte,
Comme un pauvre oiselet trop faible pour la route,
Je vais me contenter d'exposer devant vous
Les principes sacrés qui nous regardent tous ;

Et sans vouloir ici rien discuter en maître,
Poser ce qui, pour nous, doit être ou ne pas être ;
Vous savez quels projets viennent en ce moment,
Aux peuples étonnés apporter le tourment ;
L'ennuyeux tintement d'un essaim qui bourdonne,
Serait mieux supporté que ce bruit monotone
D'inconcevables mots éclatants, mal compris,
Étourdissant l'oreille et lassant les esprits.
Tout cela meurt de soi, comme on voit la semence,
Que l'imprudente main du fermier en démence
Répand sans aucun choix de terre ou de saison,
Sécher faute de sucs et périr au sillon.
Donc je ne dirai point, pour vous lasser vous-mêmes,
De tous ces vains esprits les monstrueux systèmes ;
Les Grecs et les Romains nommés à tous propos,
La passion prêtant à des pensers nouveaux,
L'esprit et la hauteur des plus belles doctrines,
Et, sans le soupçonner, ne prêchant que ruines ;
Je vous en ferai grâce, ajoutant seulement
Que tout, sur cette terre, a son enchaînement ;
Qu'on ne fait point un peuple ainsi qu'une machine ;
Qu'il faut pour qu'un système y prenne enfin racine,
Qu'il y soit, dès longtemps, avec soin préparé.
Voyez Pierre le grand, il a lui-même erré,
Malgré sa volonté, malgré tout son génie ;
Il a presqu'échoué dans son œuvre hardie.

Et le Russe, aujourd'hui, suit encor ses instincts.
Peut-être direz-vous les pas sont plus certains
Quand l'homme, dégagé des ténèbres du doute,
Marche, l'histoire en main, dans une antique route.
J'en conviens ; mais pourtant, faut-il que les anciens
Pèsent sur notre esprit comme autant de liens
Qui contraignent toujours la servile pensée
A ramper tristement, dans la route tracée ?
L'avenir est à nous et nous avons notre ère;
D'ailleurs, les imiter n'est pas petite affaire :
La Grèce, cette harpe aux sons harmonieux ;
Rome, famille antique au cœur religieux,
Où le peuple au Sénat s'attachait comme un lierre
S'attache au tronc noueux d'un chêne séculaire,
Sont de beaux souvenirs qu'aux modernes États
On rappelle parfois, mais qu'on n'imite pas...
Le temps n'est plus, Messieurs, où l'homme, sur la terre,
Paraissait pour donner ou subir la lumière,
Où tout était esprit, volonté, dévoûment,
Où la vertu passait pour un bel ornement ;
Le commerce, aujourd'hui, ce nouveau Dieu des ondes,
De sa puissante main fait mouvoir les deux mondes.
Est-ce bien, est-ce mal, avons-nous progressé ?
De son antique rang l'homme est-il abaissé ?
Je ne viens point ici, de l'arbitre suprême
Interprète inexact, résoudre ce problème.

Toutefois j'ose dire, à la face de tous,
Que si, par un arrêt du céleste courroux,
Nous sommes ici-bas, ridicule nature,
Au monstre du néant jetés comme en pâture,
Il nous fallait au moins, nous prenant en pitié,
Du monde précédent rayer une moitié,
Et plus cruels pour nous que le juge de Crète,
Ne nous point amuser d'un monde qu'on regrette ;
Il fallait sur nos yeux abaisser le bandeau,
Et voiler du passé le précieux flambeau.
Ici-bas, par degrés, la nature s'élève,
Depuis le sable brut qui roule sur la grève
Jusqu'à l'homme pensant que de types vraiment!
En formes, en couleurs, prodigue d'agrément ;
Comme toujours progresse et s'élève, et s'épure,
Dans ses essais divers, la puissante nature !
La fleur en sa corolle aux brillantes couleurs,
Le lion et sa force, et l'abeille et ses mœurs,
Quelle échelle brillante, et comme sur le monde
Le ciel de ses trésors verse l'urne féconde !
L'homme serait-il seul, par une injuste loi,
Exclus de ce progrès ? Et lui qu'on nomme roi,
Qu'on proclame tout haut prince de cette terre,
Serait-il, par hasard, inerte comme pierre ?
Non, non, cela n'est pas, échelle d'Israël,
L'humanité du pied touche la terre, au ciel

Allant cacher sa tête... Il s'élève, il s'élance,
Il monte jusqu'aux cieux cet édifice immense.
Où la pierre docile est courbée en arceaux,
Où d'élégants piliers supportent des fardeaux
Enormes, que l'esprit pourrait croire impossibles
S'il ne songeait d'avance aux supports invisibles.
Comme tout se rapporte au dôme radieux
Qui monte et monte encore et fatigue les yeux !
Qu'elle est belle d'en bas la coupole azurée
Où plafonnent les saints et la vierge sacrée !
Et naguère, pourtant, c'était un vil amas
De pierres, de métaux, de marbres mis en tas,
Un fouillis, un désordre, une matière impure
Qu'a fait vivre d'un coup la belle architecture.
C'est notre histoire à nous ; au sein des nations
Tout peut sembler perdu, soit que les passions
Bouleversent le monde ou bien que l'avarice
Le sèche, n'allez pas craindre au moins qu'il périsse.
Quand le froid est venu, quand l'arbre dépouillé
Gémit au vent du nord, quand joyeux au foyer,
Le laboureur se chauffe et qu'à la bergerie
La brebis se complait oubliant la prairie,
La prairie où déjà s'étendent les frimas ;
Quand la perdrix aux champs ne prend plus ses ébats,
Que la neige en flocons tombe et couvre la terre,
Comme un pâle linceul ; lorsque dans l'atmosphère

On ne peut voir flotter que de sombres vapeurs,
Qui pourrait du printemps soupçonner les couleurs
Et ce brillant tapis de fleurs et de verdure
Dont embellit le sol la féconde nature ?...
Nous sommes en hiver, attendons le printemps ;
Laissons, laissons le monde, en ces jours languissants,
Se reposer un peu, d'une mort apparente
Dormant. Viendront des jours à l'aurore brillante.
Lorsqu'au début du monde, au hasard dispersés,
Tous les hommes erraient par le besoin pressés,
Courant à la pâture ; on vit sur les montagnes
Les plus intelligents, suivis de leurs compagnes,
S'assembler et plus tard, puisant aux mêmes eaux,
A force de se voir, à des liens nouveaux
S'habituer, et faire, en mêlant leur langage,
Un seul et même peuple ayant, par son suffrage,
Au plus sage, au plus digne accordé nom de roi,
Avec Dieu seul pour maître et la raison pour loi.
Imitons-les, Messieurs, qu'aux sources éternelles
De la saine raison, des sciences nouvelles,
Les peuples assemblés, puisant tous à la fois,
Viennent confondre, enfin, et leurs noms et leurs lois.
—Bien parlé !...» Cette voix soudain vint les surprendre.
« Manthésis ! cria-t-on ; oh ! nous voulons l'entendre.»
Ce ne fut qu'une voix. Manthésis, en effet,
Malgré tous ses écarts, dans cette enceinte avait

Pour les uns, comme folle excitant la risée,
Pour d'autres, comme oracle, une assez libre entrée.
Lors donc que de la porte, écartant les rideaux,
Elle franchit le seuil, on poussa des bravos.
La belle magicienne au milieu d'eux s'avance,
S'arrête, et dans la salle, attentive, en silence,
Promène lentement un étrange regard ;
Un des initiés se tenait à l'écart,
Homme à l'auguste front, à la noble figure,
Sa taille dénotait une forte nature.
« Salut, bouche de fer, dit-elle, dont la voix
Sur leurs trônes, bientôt, fera pâlir les rois!...
Et toi, que viens-tu faire, enfant au doux langage,
Pauvre et fragile esquif que va briser l'orage ?
Dit-elle en regardant d'un air plein de douceur
Un poète tout jeune et charmant de langueur ;
Oh ! si de ton destin la loi moins rigoureuse
Te laissait, parmi nous, d'une existence heureuse
Achever doucement le délicieux cours,
Quel triomphe pour toi ! pour nous, oh! quels beaux jours!
De la large épopée atteignant l'atmosphère,
Tu reprendrais les chants de Virgile et d'Homère ;
Coursier impétueux, vers le vaste avenir,
D'un pied ferme et rapide on te verrait courir ;
Ta main, ta main saurait, chantre de la nature,
D'un art encor grossier briser l'écorce impure,

Et faire à nos regards, d'un style merveilleux,
Jaillir en purs rayons l'or le plus précieux.
Oh ! je te vois déjà, la tête couronnée !
Oui, je te vois, enfant.....» A ce mot enchaînée,
Elle reste, soudain, les yeux au sol fixés,
Le visage tendu, les traits bouleversés.
Parmi les assistants, triste et baissant la tête,
A peu près comme fait cette cruelle bête
Qu'évitent avec soin et redoutent le plus
Les pauvres matelots dans les glaces perdus,
Se faisait remarquer un monstre à face humaine,
Qui sans doute aux enfers avait rompu sa chaine,
Pour venir un instant tourmenter les mortels.
« Oh vengeance terrible ! ô décrets éternels !
S'écria tout-à-coup Manthésis à sa vue.
Eh bien ! bête cruelle, es-tu bientôt repue ?
Dit-elle en s'avançant ; va, contente ta faim,
Je vois déjà le bras qui clôra ton destin...
Peuple, où la conduis-tu, cette jeune victime ?
Réponds, qu'a-t-elle fait ? Contre elle, qui t'anime ?
Sur ce pudique front le crime est-il empreint ?
Barbares, arrêtez, car c'est un vase saint
Que touche votre main aveugle en sa colère ;
Vous le brisez ce vase, hélas ! et sur la terre,
Sous les pieds des bourreaux hurlant d'horribles cris,
Je vois rouler déjà ses malheureux débris !... »

En prononçant ces mots, la figure animée,
Le front haut, Manthésis paraissait inspirée.
Pendant qu'elle parlait, d'un sourire moqueur
Celui qu'elle accablait défiait sa fureur ;
Quelques-uns, mécontents, disaient que l'assemblée
Par ces propos de fou pouvait être troublée ;
Mais comme la plupart, sans croire à Manthésis,
De ses prédictions amusant leurs esprits,
S'étaient habitués à lui laisser tout dire,
Il fallut, jusqu'au bout, entendre son délire.
Manthésis, quelque temps, demeure sans parler,
Les regards abaissés et semblant méditer.
Sa tête, tout-à-coup, se dresse, elle s'éveille,
La bouche souriante, elle prête l'oreille :
« Ecoutez... écoutez... Quels sublimes accords
Te jettent, ô mon âme, en de divins transports !
Ecoutez, disait-elle.... Harmonieuse lyre
Que le cœur fait parler, oh que veux-tu me dire ?
A qui s'adressent-ils ces sublimes concerts ?
Celui dont les accents émurent les enfers,
Dans les divins transports de son brillant génie
Sut-il à la noblesse unir plus d'harmonie ?
Ecoutez ! Ces accents d'un amoureux plaisir,
Sans doute à quelque belle expriment le désir,
Ou plutôt, digne écho des filles de mémoire,
Ce chant de nos drapeaux célèbre ici la gloire...

Non, non... qui le croirait?... si touchant et si fort,
Ce chant est un adieu... C'est un hymne à la mort!...»
Et Manthésis alors, sous ce mot, accablée,
Promena lentement ses yeux sur l'assemblée;
Alors vint à passer un char à fond de train,
Char de deuil, au tombeau, qui portait le Dauphin.
On s'élance, on veut voir, chacun à la fenêtre
Se suspend. Lorsqu'enfin on eut vu disparaître
Le char et les piqueurs qui portaient des flambeaux :
« Comme ils vont, disait l'un ; au train de leurs chevaux,
On dirait qu'ils ont peur qu'on ne l'enlève en route...
Pauvre enfant! disait l'autre;—et plus heureux sans doute,
Ajoutait un troisième à l'œil intelligent,
Que notre pauvre roi dont le trône est croulant !
Tranquille en ce moment, en sa fleur s'il succombe,
Il est du moins certain d'être en paix dans sa tombe !
—Peut-être!...» Sous ce mot, sous ce doute accablant,
On sentit le frisson. Le regard effrayant,
Les cheveux en désordre et la face livide,
Comme au bord d'un abîme, éperdue et stupide,
Manthésis demeurait les deux bras étendus.
Enfin, avec effort, ces mots furent rendus :
« Malheur, malheur à vous ! hommes au cœur de pierre,
Qui venez des tombeaux profaner la poussière,
Et sans respect du lieu, ni des plus saintes lois,
Jetez à tous les vents la cendre de nos rois ! »

Ayant ainsi parlé, sans couleur et sans vie,
Manthésis, sur le sol, s'affaisse évanouie.
Lorsqu'on l'eut enlevée, au sein des assistants
Circulèrent bientôt des propos différents ;
Malgré les esprits forts, dans toute l'assemblée
L'âme de Manthésis semblait être passée.
On se sentait ému. Seul, assis dans un coin,
De ces évènements silencieux témoin,
Montfort de l'avenir voyant lever les voiles,
Comme au sein d'une nuit sans lune et sans étoiles,
Laisse nonchalamment s'égarer ses regards,
Dans ce gouffre sans fond, stupides et hagards.
« Lève-toi, lui dit-on, l'orage qui s'apprête
Menace tout le monde, et pour mettre ta tête
A l'abri, dès ce jour tu vas à l'étranger,
Jusqu'à nouvel avis, sans cesse voyager. »

LIVRE CINQUIÈME

Au pied de ce plateau si riche de verdure,
Dont plus haut j'ai décrit la brillante parure,
Un fleuve au sein des prés, en mille longs détours,
Promène de ses eaux le majestueux cours.
Les plus jolis îlots émaillent sa surface ;
Leurs bords tout de gazon, festonnés, pleins de grâce,
Du saule chatoyant, de l'osier flexueux,
Laissent presqu'à fleur d'eau pendre les longs cheveux.
Rien n'est plus doux à voir que ces rives fleuries ;
A droite des coteaux, à gauche des prairies ;

Le château d'un côté, délicate villa,
De l'autre des troupeaux errant par ci, par là ;
Et puis un horizon dont les courbures fines
Arrêtent le regard sur de douces collines !
Quand au sein des roseaux erre comme un soupir,
Lorsque l'onde frissonne au souffle du zéphir,
Quand aux feux du soleil chaque flot étincelle,
Son aile déployée, alors que la nacelle
S'incline sur les eaux et, d'un vol élégant,
Promène sur le fleuve un sillage éclatant,
Quel homme, ô beau pays ! à ton charme indicible,
A tes jolis tableaux resterait insensible ?
D'ailleurs, sous le regard, tout change à chaque instant :
Tantôt le fleuve dort ; et tantôt écumant,
Il envoie aux échos comme un bruit de tonnerre
Et, se levant en masse, il bondit sur la terre.
Brusquement agités, les flexibles roseaux
Cèdent sous ses efforts et plongent dans les eaux,
Tandis que sans frayeur, singulière nature,
On voit petits garçons suivre cette onde impure,
Et courir sur les bords, les pieds nus et crier,
Agitant dans les flots leurs baguettes d'osier.
Sans doute vous avez, en parcourant ces rives,
Remarqué des maisons qui, modestes, chétives,
Derrière un buis épais leur formant un rideau,
Se dessinent à peine à quelques pas de l'eau ;

En face des maisons, doucement abaissée,
La rive vers le fleuve ouvre une pente aisée.
Ces habitations rappellent le vieux temps ;
Quatre existaient encor lorsque j'avais sept ans,
Mais insensiblement on les voit disparaître,
Le village, aujourd'hui, n'est plus à reconnaître.
L'une d'elles cachait, sous son modeste toît,
Jeanne et sa pauvre mère y vivant à l'étroit,
Heureuses toutefois, si, loin de sa maitresse,
Jeanne eût pu de son front écarter la tristesse !
La fille du baron sans cesse l'occupait.
Un soir que, vers le quai, sa mère la voyait
Marcher et regarder, puis revenir pensive :
« Tu me parais, dit-elle, en ce jour, attentive
Plus que les autres jours aux pas du promeneur ? »
Jeanne lui répondit d'un air un peu boudeur :
« Vous croyez ? Ma foi non !...» Tout-à-coup son oreille,
A certain bruit confus, attentive s'éveille ;
En même temps au quai se dirigent ses pas.
« C'est vous, dit-elle, enfin !...» et puis on parla bas.
La mère, de ses ans malgré la lourde chaine,
Vers sa fille, aussitôt, à pas tardifs se traîne,
Regarde, ne voit rien, écoute, écoute encor,
Enfin saisit ces mots : « Au château de Bedfort,
Sans que pas un de nous ne s'en dédise ou tremble,
Dans trois jours, à minuit, nous entrerons ensemble ! »

II.

Comme on voit un beau lys, par l'orage incliné,
De l'eau que tient encor son calice embaumé,
Épancher lentement les gouttes sur la terre,
Telle Benedetta, maudite par son père,
Courbant, sous la douleur, un front triste et pâli,
Pleurait. Sur ses genoux, se croisant à demi
Ses deux mains reposaient, tandis qu'anéantie,
La pauvre enfant laissait sa tête appesantie
Etaler sur son sein ses longs cheveux épars.
Vers la grille souvent se tournaient ses regards :

Mais un voile, soudain, venait jeter son ombre
Sur ses yeux ; son visage alors semblait plus sombre,
Et du fond de son cœur s'échappait un soupir.
Pour elle tout, hélas ! n'était que souvenir,
Que peine et que regrets ! Sur les belles prairies,
Où venaient, autrefois, en douces rêveries
S'égarer ses pensers, rien ne lui souriait.
Au dedans, au dehors, tout lui semblait muet
Ou triste !... Où donc étaient, ô belle jeune fille,
Ces suaves accents de ta voix si gentille,
Ces travaux à l'aiguille, et là, sur le métier,
La laine que ta main aimait à manier ?...
La harpe, de son cœur autrefois interprète,
Demeurait dans un coin, inutile, muette,
Ne troublant le silence où la chambre restait,
Que lorsque quelque corde avec bruit éclatait.
Alors Benedetta semblait comme étonnée,
Regardait quelque temps la harpe abandonnée,
Puis, sans dire un seul mot, et les regards baissés,
De nouveau se perdait dans ses tristes pensers.
Lorsque la pauvre enfant sortait de son silence,
En ces mots déchirants s'exhalait sa souffrance :
« Hélas! hélas, mon Dieu! pourquoi tant m'accabler?
Que vous ai-je donc fait ? Est-ce un crime d'aimer ?
Certes, je l'aime encore ; et, malgré ma détresse,
Ma bouche, ô cher Montfort, te bénira sans cesse.

Non, je ne pourrai pas, quoiqu'il arrive, ô Dieu !
A ce fidèle ami dire un suprême adieu !
Que je suis malheureuse !... Au seuil du monde à peine
Je parais, et sur moi la douleur se déchaîne !
Au printemps de la vie, hélas ! dans mes revers,
J'accuse la longueur de mes jours trop amers !
Et pourquoi donc, ô ciel ! ma flamme était si pure !
Mon cœur avait si bien de sa belle nature
Compris le tendre charme ! oh mon Dieu ! pour jamais
Faut-il donc effacer de si brillants attraits !...
Adieu ! quel triste mot ! l'affligeante pensée
Que dire : il n'est plus là ! sa place est effacée
A l'église, au sentier, partout ! et puis savoir
Qu'il est vivant encor, mais qu'on ne peut le voir !...
O sinistres arrêts d'une âpre destinée !
Sous votre sceau fatal pourquoi donc suis-je née ?... »
Et la pauvre petite, alors, dans ses deux mains,
Laissait tomber sa tête. Arrêts trop inhumains !...
Victime infortunée ! Hélas, au sein des larmes,
Faudra-t-il voir flétrir ta jeunesse et tes charmes ?
O campagne, ô forêts qui la vîtes enfant,
Qui toujours frémissiez d'amour en la voyant !
Vous n'admirerez plus, sur sa jument fougueuse,
La belle jeune fille agile, audacieuse,
Laissant ses beaux cheveux errer au gré des vents,
Et, brillante amazone, allant à travers champs !

Fleuve majestueux, ton onde caressante
Ne viendra plus jamais de sa barque élégante,
En mille flots d'azur, effleurer les contours !
Et pourtant quel besoin d'étouffer ces amours ?...
Que faisiez-vous alors, ô vénérable prêtre,
Et vous, bonne nourrice, à sa triste fenêtre,
Lorsque Benedetta, sur ce morne séjour,
Immobile, laissait ses regards tout un jour ?
Que faisiez-vous?... Hélas ! sans cesse surveillée,
La pauvre vieille était de ces lieux éloignée !
Le baron même avait, pour mieux la contenir,
Ajouté que de mort on saurait la punir,
Si jamais vers l'enfant qu'elle avait élevée,
Par un zèle indiscret elle était entraînée.
Le pauvre prêtre aussi se tenait à l'écart ;
Ce n'est pas qu'en son cœur la crainte eût quelque part
Ou qu'à cette infortune il ne fut pas sensible ;
Mais connaissant trop bien du baron inflexible
En ses sombres desseins la dure volonté,
Il laissait, par le temps, cette sévérité
Se dégager un peu des mesures austères,
Et faire place, enfin, aux avis salutaires.
Du Seigneur, en secret, implorant le secours,
En silence et soumis, il attendait toujours.
Enfin, l'occasion tant de fois souhaitée,
Lui fut, un certain jour, par hasard présentée :

Un bon vieux serviteur, au château se mourait.
Le prêtre s'y rendit ; risquant d'être indiscret,
Lorsqu'il eut achevé son triste ministère,
Afin de voir la fille il demanda le père.
Le baron, poliment, s'abstint de recevoir,
Ajoutant : « Qu'il serait satisfait de savoir
Que, grâce au bon curé, sa trop coupable fille
Avait enfin compris les devoirs de famille. »
(Il rejetait par là sur elle tous les torts.)
Le prêtre comprit bien ses perfides efforts ;
Aussi, sans rien répondre, il hâte sa démarche.
Son pied touchait encore à la dernière marche,
Quand la pauvre petite, attentive à son pas,
Tout en larmes accourt et tombe dans ses bras :
Mon père !—Mon enfant ! Ces mots seuls s'échappaient ;
Et, ne pouvant parler, leurs pleurs se confondaient.
Lorsqu'ils furent entrés dans la chambre, et qu'assis
Le prêtre put enfin donner quelques avis :
« Benedetta, dit-il, il vous faut du courage ;
Dieu, dans tous ses desseins, se montre toujours sage,
Et s'il veut, en ce jour, un peu vous éprouver,
Son bras, son bras, plus tard, saura vous relever.
—Vraiment ! lui répond-elle ; oh qu'elle est douce et chère
Cette voix d'un ami qui vient nous dire : espère !
C'est la fraiche rosée au milieu du désert.
Comme on boit à longs traits à ce calice ouvert !

L'esprit le croit si bien ce que le cœur désire ! »
Benedetta semblait dans un muet délire,
Pensive et de beaux jours rêvant déjà l'essor.
Le bon prêtre ajouta de doux propos encor,
Qui dans les doux pensers où son âme se noie,
La font passer soudain de la mort à la joie.
La harpe dans sa main retrouva ses accords ;
Mais elle n'avait plus ses éclatants transports,
Ses ardentes fureurs et ses notes hardies ;
L'amour seul inspirait ses tendres mélodies ;
Elle chantait ainsi, dans ses transports charmants,
De la voix à sa lyre alliant les accents :
« Doux est au nautonnier le souffle de la brise,
Douce est au cœur jaloux mainte et mainte méprise ;
Au ruisseau qui murmure et d'un parterre en fleurs
Fait naître dans son cours les brillantes couleurs,
Doux est le diamant que le soleil allume ;
Doux est au voyageur égaré par la brume,
La voix qui lui répond, quand par monts et par vaux,
Ses cris désespérés se perdent aux échos ;
Douce est la fleur nouvelle, à diligente abeille ;
Doux est le jus exquis mûrissant sur la treille ;
Doux est au cœur avare un coffre rempli d'or ;
Eh bien ! ton nom, pour moi, semble plus doux encor ! »
Lorsqu'elle se taisait, sur sa harpe, abaissée,
Elle semblait rêver d'une douce pensée,

Immobile, les yeux vers la terre tournés
D'un air tout languissant, et les traits animés.
Surtout par mille soins, de son terrible père
Sans cesse elle tâchait de vaincre la colère.
Un jour qu'il paraissait plus facile d'humeur,
Benedetta l'aborde et, l'air plein de douceur,
Se laissant à ses pieds tomber, et suppliante,
Tournant vers le baron une tête charmante :
« Mon père, lui dit-elle, hélas! à vos genoux,
Je vous prie en pleurant !... oh repousserez-vous
Votre Benedetta... votre enfant ?... O mon père !
N'écouterez-vous pas enfin cette prière ?...»
Le baron se taisait ; son cœur était d'acier.
Enfin Benedetta, pour le mieux supplier,
Prononce un nom sacré: « Par le nom de ma mère !...»
Elle n'acheva pas ; le visage sévère,
Le terrible regard du farouche Bedfort
Viennent briser son âme en ce dernier effort.
Les ombres de la mort s'étendent sur sa vue,
Et pâle sur la terre on la voit étendue.
La ténébreuse nuit avait baissé déjà
Son voile vers la terre, et de Benedetta
Les paupières, encor, ne s'étaient point ouvertes.
Un prêtre !... c'est le cri dans les grandes alertes.
Le prêtre accourt ; sa voix savait aller au cœur ;
Il n'eut pas dit trois mots, que, rempli de langueur.

L'œil de Benedetta s'ouvrit à la lumière.
Étonnée, inquiète : « Eh quoi, c'est vous, mon père,
Dit-elle ; quelle main m'a mise sur mon lit ?
— Reposez-vous, ma fille, un terrible conflit
Vous a bien fatiguée ; il faut quand la souffrance
Redouble, mon enfant, lutter de patience.
— Ce dernier coup m'accable, ô mon père, je sens
Mon être m'échapper ; mes pensers languissants
Ne se comprennent plus ; je crois sentir moi-même
Que je touche, en ce jour, à mon heure suprême !
Priez pour moi, pour lui, qu'il reconnaisse un jour,
De sa Benedetta le chaste et pur amour !
— Mon enfant, revenez, lui répondait le prêtre,
Dieu ne veut pas qu'on fasse abandon de son être. »
Quand le prêtre la vit calme et hors de danger,
Résolu cette fois de ne rien ménager,
Il vint trouver Bedfort. Après mainte prière,
Voyant qu'il ne peut rien sur cette âme trop fière,
Soudain vers le balcon il s'avance, et du bras
Indiquant la forêt : « Regardez bien, là-bas,
Lui dit-il, ô baron ! Voyez-vous cette allée
Qui mène à la forêt sous l'épaisse feuillée ;
Au pied d'un chêne antique au tronc rude et noueux,
S'ouvre d'un souterrain l'antre mystérieux.
Une femme !... en ces lieux !... en secret amenée !...
D'une horrible façon !... y fut assassinée !...

L'assassin, ô Bedfort, le connaissez-vous pas ?...
— Il a loin de ces lieux, dit-on, porté ses pas,
Lui répond le baron ; mais, après tout qu'importe ?
Veuillez, mon cher Monsieur, vous tourner vers la porte
Et sortir. » Le curé, le regardant en face,
Sans bouger d'un seul pas demeurait à sa place.
Soit qu'un remords secret vint troubler de Bedfort,
Soit que sous ce regard il se sentit moins fort,
Il fut comme interdit et garda le silence ;
Mais bientôt son orgueil reprit son assurance,
Et tournant vers le prêtre un œil plein de mépris :
« Monsieur, pour me parler, vous seriez mieux assis,
Lui dit-il ; (par son calme il voulait le confondre).
Parlez, je vous écoute et suis prêt à répondre.
— Peut-être, en ce moment, si le ciel s'entr'ouvrait ;
A nos yeux étonnés si Dieu se découvrait,
Jetant sur le coupable un œil sombre et terrible,
Ta réponse, ô baron, semblerait moins paisible,
Répliqua le curé ; mais hélas ! je le vois,
Tu fondes ton repos sur nos trop faibles lois.
Pourtant, dis-moi, baron, est-ce que dans ton âme
Ces lieux, ces tristes lieux, de ton forfait infâme
Ne te rappellent rien ?... Le souffle du zéphir,
Qui semble dans les airs jeter comme un soupir,
Ne te touche donc pas en ta pensée intime ?
Il ne t'a donc, dis-moi, jamais de ta victime.

Dans son tendre murmure apporté la douleur?...
As-tu donc une pierre à la place du cœur,
Bourreau?..Prêt à répondre!..Oh Dieu, quelle assurance!..
—Vraiment, dit le baron, j'ai grande patience ;
Veuillez me dispenser d'un ordre rigoureux.
Sortez !...— Je ne sors point, assassin orgueilleux,
Lui répondit le prêtre ; et je vais te maudire !
Te maudire, entends-tu , misérable vampire !
Au nom du Dieu puissant, te souhaiter la mort,
Mais la mort du damné qui sur l'enfer s'endort !...
Que le malheur s'attache à ce que tu désires !
Qu'il soit ton aliment et l'air que tu respires !
Qu'il entre dans tes os et te ronge le cœur ;
Qu'il se fasse cancer, souci, remords, horreur !
Qu'il soit gouffre béant et t'attire sans cesse !...»
Le baron souriait, d'un œil plein de finesse.
Haletant, l'œil en feu, les cheveux hérissés,
Les traits par la fureur hideux, bouleversés,
Le prêtre fait un pas, sa voix est effrayante :
« Sous ton calme apparent, sous ta face impudente,
Baron, baron, dit-il, tu portes le remords ;
Ton âme, dans tes yeux, malgré tous tes efforts,
Révèle ses horreurs, et je lis ton supplice
Sur ce front qu'obscurcit l'éternelle justice.
Dissimule un peu mieux ou, bientôt, tu verras
Un doigt accusateur se lever sur tes pas. »

Le baron tressaillit, mais garda le silence.
Ils restèrent ainsi quelque temps en présence,
Sans que le moindre mot ne fît diversion
A l'étrange embarras de leur situation.
La nuit, d'un voile épais, enveloppait la terre ;
Un silence profond, ainsi qu'au cimetière,
S'étendait sur ces lieux. Un effroyable bruit,
Une étrange clameur, au milieu de la nuit
S'élève. Le bon prêtre était aussi tranquille
Qu'auprès de son foyer. Le baron, immobile
Et pâle de frayeur, croyait voir sous ses pieds
L'enfer ouvrir son gouffre. Enfin aux escaliers
Il se traîne en tremblant ; mais sa vue égarée
Et sa tremblante main, à la porte d'entrée,
N'ont pu trouver la place où se tourne la clef.
Le prêtre, d'un front calme et d'un œil assuré,
Contemplait le poltron, quand soudain à leur vue
S'offre Benedetta, l'œil hagard, éperdue :
« Sauvez-nous, cria-t-elle, ô prêtre du Seigneur,
Ou du moins étendez la main sur le malheur !...
Ma fille, lui dit-il, chacun aura sa place ;
Ange, pour vous le ciel...— N'achevez pas, de grâce !
Murmura le baron en tombant à genoux.
La porte, en ce moment, cède sous mille coups.

LIVRE SIXIÈME

1.

Avez-vous quelquefois, rêvant la rhétorique,
Hippocrate ou le droit, dans le quartier classique
De l'antique Paris porté vos pas errants ?
Aujourd'hui, les trottoirs s'étendent sur deux rangs ;
Bien chers au piéton voyageant dans la ville.
Ils lui laissent toujours une marche facile.
Mais alors, ô lecteur, (je parle de ce temps
Où, tout en maugréant, les pauvres habitants
De Paris barbottaient au milieu de la boue,
Qu'il plût ou non), c'était contre une roue

Qu'on venait se heurter ; et puis d'un Auvergnat,
Pour des seaux renversés, souvent le charabiat
Vous attaquait en face et, d'une phrase affreuse,
Appelait sur vos pas la foule curieuse.
Lisez d'ailleurs Boileau, dont les piquants écrits
Ont mieux dépeint que moi, l'embarras de Paris.
Telle était cette rue ayant pour nom Dauphine,
Qui mène du Pont-Neuf à la cité latine.
Dans ce vilain quartier, on voyait autrefois
Un bouge mal hanté ; rarement des bourgeois
Y venaient s'accouder sur ses tables de chêne.
Une vieille à chair molle, à face large et pleine,
Portant un cercle rouge autour de vilains yeux,
Y tenait table ouverte aux gens les plus crasseux.
C'était un cabaret où, fier de sa victoire,
Le peuple de Marat venait manger et boire.
La boutique s'ouvrait sur la rue, en châssis,
Avec tables et bancs humides et noircis.
Dans ce bouge enfumé, les chants patriotiques,
Sombres expressions des fureurs politiques,
Résonnaient. En arrière, un petit cabinet
Offrait aux chefs de clubs un asile secret,
D'où sans gêne ils suivaient la fougue populaire.
On était à l'époque où, fou de Robespierre,
Le peuple avait voté la mort des Girondins ;
Sur eux et leurs amis des propos clandestins

Circulaient ; mais chacun fléchissant sous l'orage,
Pour des temps plus heureux réservait son courage.
Au fond du cabinet, dans un coin à l'écart,
Un jeune homme lisait. Par instant son regard
Témoignait qu'en ces lieux on le faisait attendre.
Un bruit de pas pressés soudain se fait entendre,
Puis entre un étranger au noble et fier maintien :
« Bonjour, Montfort, dit-il ; oh je reconnais bien
L'homme toujours exact et fidèle à son heure.
— Ma foi, répond Montfort, en si triste demeure
Il faut qu'on soit exact ; car la distraction
Est maigre, et j'y verrais une expiation
Pour tout homme obligé d'y faire pied de grue ;
Vraiment autant vaudrait attendre dans la rue.
—Attendre... et pourquoi pas ? J'ai dans un certain lieu
Attendu bien longtemps, pour l'amour du bon Dieu !...
C'était un lieu bien triste... oh ! maudite la terre
Qui m'a de son limon fait pour tant de misère !...
— Triste, Philopœmen, triste ! disait Montfort.
Philopœmen lui dit : — Si tu savais mon sort,
Peut-être tu plaindrais cette existence vaine
Qui sans cesse au passé, comme à plaisir, m'enchaîne !
— Mais pourquoi du passé s'inquiéter ici ?
Vivons pour l'avenir... — Tu me parais aussi
Faiblir à cet endroit ; pour instruire les autres
Des hommes comme toi seraient faibles apôtres,

O Montfort!..—J'en conviens, dit Montfort; en mon cœur,
Comme toi, je conserve une triste langueur ;
Mais je la cache, au moins ; je n'ai point ce nuage
Qui te voile le front.— Oh c'est agir en sage !
Dit l'autre... Sur les bords d'un cratère arrêté,
Parfois le voyageur, d'un œil épouvanté,
Semble chercher au fond de ces sombres abîmes,
Les restes effacés de nombreuses victimes ;
Il songe, malgré lui, que là bien des débris,
Sous des torrents de lave et de cendre engloutis,
Dorment silencieux dans une nuit profonde ;
Il aime, sous la cendre, à reformer ce monde,
Ces temples, ces palais, ces marbres, ces métaux,
Ces jardins élégants et ces jolis ruisseaux,
Et l'onde murmurante aux échos des cascades,
Et la pierre taillée en mille et mille arcades,
Et ces festins de nuit, d'or de feux ruisselants,
Et ces doux entretiens d'amour si nonchalants,
Qui finissent à peine aux clartés de l'aurore ;
Ces sourires d'enfant, qu'un baiser fait éclore ;
Il songe à tout cela, si joli, si vivant,
Et redemande encor ces trésors au néant...
Ainsi de mes beaux jours, que je ne peux reprendre,
Sans cesse, malgré moi, je ranime la cendre.
Malgré moi, je... Soudain il s'arrête. — Eh mon Dieu !
Murmure-t-il, c'est lui !... Regarde donc un peu,

Montfort, si tu pourrais, par un trou de la porte...
Approchons doucement et plaçons-nous en sorte
Que nous puissions entendre, et tous deux à la fois
Tenons-nous attentifs à cette horrible voix. »
Deux hommes, à l'instant, entraient dans la taverne.
L'un, déjà d'âge mûr, avait figure terne ;
Ses sourcils noirs froncés, son farouche regard
Trahissaient ses instincts ; il portait un poignard
Dont la lame brillait à sa large ceinture.
L'autre, tout jeune encor, délicate nature,
Pauvre garçon, hélas ! au démon enchaîné,
Par ce hardi forban paraissait dominé.
« Sieds-toi, dit le premier... Holà donc, la maîtresse,
Veillez qu'à nous servir votre Suzon s'empresse.
Donnez les dominos ; car je veux battre au jeu
Ce pauvre chérubin que je jalouse un peu. »
Les dominos jetés avec bruit sur la table :
« Double six, cria-t-il, nom de .... jeu misérable !
Je n'ai que double en main !... N'as-tu point du tabac,
Que je bourre ma pipe ?... Au milieu du sabbat
Que faisaient les gamins en suivant la charrette,
J'ai perdu l'équilibre, (on peut être en goguette
Sans se déshonorer), et de mon chicotin
Je n'ai pu retrouver la trace en mon chemin...
Quatre et cinq...cinq et trois...tu boudes...Double quatre!
Ce serait curieux que je pusse te battre

Avec un pareil jeu !... Diable ! quatre partout ! !
Je ne m'attendais pas à ce singulier coup...
Quatre et six !... ah ! tant pis si tu boudes encore;
Domino !... Mon très-cher, c'est un coup qui m'honore,
Car j'avais mauvais jeu. Du reste, franchement,
Je ne suis point fâché de voir en cé moment
La fortune, pour moi, faire quelques avances,
Car, je te l'avoûrai, je suis court en finances.
On ne travaille plus ! Il n'est plus le bon temps
Où l'on nous accablait de louis et de francs,
Où de nous dépêcher on nous priait sans cesse ! !...
—Mais pourquoi ce travail ?... cette besogne expresse ?...
—Ecoute...» Il se pencha pour lui murmurer bas
Deux ou trois mots. Soudain, sur les traits délicats
Du jeune homme parut une pâleur extrême ;
On eût dit qu'il touchait à son heure suprême.
Il s'étend sur son banc, près de s'évanouir.
La porte, en cet instant, qui venait de s'ouvrir,
Fit passage à Suzon, ayant une bouteille
Et deux verres en main. « Divin jus de la treille,
Dit le sombre forban, coule à flots écumeux !...
Allons, marmot, viens donc ; celui-ci c'est du vieux...
Viens donc téter un peu...C'est du bon, ma princesse,
Surtout !... et de la main il saisit et caresse,
Avec un rire affreux et d'un air polisson,
Les seins luxuriants de l'énorme Suzon.

Allons, bois donc un peu ; tu fais triste figure !
Tu n'es vraiment pas fort !... Vois cette créature,
En voilà de l'étoffe ! et là dedans quel cœur !
Elle a plus d'une fois, au brave travailleur
Porté boire et manger !... C'est une bonne fille ;
Et qui veut dire non, qu'il vienne, je l'étrille !...
Allons, viens, cria-t-il, et de mille propos
Assaisonnant ces mots, il prit les dominos.
Mais de son compagnon la muette pensée
Paraissait au dehors entièrement fixée...
—Où vas-tu ?...» (Le jeune homme, en effet, s'élançait
Au dehors). Sur ses pas l'autre part comme un trait.
On n'entendait plus rien dans la taverne sombre.
« La tristesse à ton front semble accumuler l'ombre,
O cher Philopœmen, dit Montfort. — Tu l'as dit,
Reprit l'autre, écoute, oh c'est un triste récit...
Mais tu pourras juger, à cette voix terrible,
Si je dois aujourd'hui demeurer insensible.
Non loin du Panthéon est un joli réduit
Dont la vivante image, hélas, toujours me suit.
Mon cœur y vole encore ; une charmante fille
De seize ans, qui portait le doux nom de Camille,
Près d'un jeune poète y coulait d'heureux jours.
Quel suave tableau que ces jeunes amours !
Ces mille petits riens qu'inspire la tendresse,
Ces plaisirs délicats d'une chaste caresse,

Ces entretiens d'amour, unissant à la fois
Sincérité du cœur et douceur de la voix ;
Quel trésor de bonheur ! oh la belle existence !
D'argent point de souci ; l'amour c'est l'abondance
Pour tous les tendres cœurs ! C'est un si beau printemps
Que cette vie à deux, lorsque l'on a vingt ans !
Je ne suis point de ceux qui, citant les saints Pères,
Font parade en public de principes sévères ;
J'aime assez d'un pied libre à voir courir l'amour ;
Pour vivre, cet enfant veut commode séjour.
Toutefois, loin de moi cette morale impure
Qui vient pousser au rut notre humaine nature !
S'il faut que l'on soit vrai, sans qu'un livre l'ait dit,
Qu'on suive alors le cœur et non pas l'appétit...
Mais si je les aimais, ces douces créatures,
C'est que jamais l'amour n'eut d'images plus pures ;
Leurs occupations se mariaient au mieux :
Pendant que le poète, aux sons harmonieux
Des belles cordes d'or d'une savante lyre,
Pliait la passion d'un sublime délire,
Du linge et des habits Camille s'occupait ;
Sur sa tâche, parfois, muette elle restait,
Prêtant au beau poète une oreille attentive,
Et le doigt sur la bouche elle semblait pensive.
Les baisers les plus doux, les plus gentils propos
Venaient à chaque instant égayer leurs travaux.

Dans une seule pièce à chétive apparence
Ils avaient chambre, office et salon de plaisance ;
C'était peu, tu diras ; mais jeunes amoureux,
Dans un petit réduit savent se rendre heureux.
Quelle douce existence !... On les voyait sans cesse
Rivaliser de soins et lutter de tendresse.
André de Beaumanoir était un beau garçon
D'une taille élevée, ayant bonne façon ;
Sur son front de poète, à la ligne bien pure,
En boucles ondulait sa blonde chevelure.
Ses yeux, ses beaux yeux bleus respiraient la douceur ;
Quoiqu'il fût sérieux et même un peu rêveur,
Toujours il souriait aux baisers de Camille.
Oh la jolie enfant ! quelle pose gentille !
Quelle douce parole ! et quel cœur !... Non l'amour
Sur terre n'a jamais mieux que dans ce séjour,
En ses liens dorés su réunir deux âmes !
Mais surtout je soutiens que, de toutes les femmes
Que l'on pût rencontrer, on n'en trouva jamais
Aussi bien que Camille, à la grâce des traits
Joignant les agréments d'esprit, de caractère.
C'était vraiment un ange égaré sur la terre.
Que de fois dans la rue, en la voyant passer,
On s'arrêta soudain pour voir se balancer
Cette taille élégante au gracieux corsage !
Pour voir ces beaux cheveux, ce doux et frais visage,

Ces lèvres de corail avec de blanches dents,
Ces jolis airs de tête et ces yeux souriants !
Quelle jolie enfant ! Oh je la vois encore
Marcher l'écharpe au vent. Sa pantoufle sonore
Frappait si gentîment les pavés de Paris !...
Un jour elle sortit. (Ce jour je le maudis,
Car il fit son malheur ; elle eut toujours l'usage
De pourvoir elle-même au menu du ménage).
Elle allait à grands pas, sans penser qu'un bandit
La suivait méditant quelque honteux délit.
Cet homme, sur son front, semblait porter le crime ;
Il avait vu Camille, et si belle victime
Ne le devait pas fuir, il le pensait du moins.
Aussitôt à l'atteindre il applique ses soins.
La pauvrette le voit ; elle fuit au plus vite ;
Le misérable, alors, s'acharne à sa poursuite.
Longtemps, pour l'éviter, elle fit maint détour ;
Colombe redoutant les serres du vautour,
On la voyait trembler, hors d'elle, sans haleine.
Je parais, elle accourt : « O bonté souveraine
Du ciel ! Vous me sauvez, » cria-t-elle, et soudain
Elle tombe en mes bras et reste sur mon sein
Evanouie. Un homme au visage farouche
S'approche en ricanant, et son horrible bouche
Prononce quelques mots menaçants qui, depuis,
Se sont réalisés. Je fus plus de vingt nuits

Sans dormir. Ce bandit me donnait l'épouvante,
Je voyais devant moi son image effrayante
Se dresser comme un spectre aux mains teintes de sang.
J'étais surtout frappé de son air menaçant.
Hélas ! tu le verras, dans ce funeste songe,
Tout n'était pas, vraiment, fiction et mensonge !...
Tu sais comme à Paris on goûte le plaisir
D'aller, chaque dimanche, à travers champs courir.
Surtout quand d'un pays s'annonce l'assemblée,
Jusqu'au jour attendu mainte tête est troublée.
C'était enfin la fête au village charmant
Que l'on nomme Nanterre. (Oh cet événement
Fait courir tout Paris). Camille, la première,
Un mois d'avance au moins me parla de Rosière.
Elle était si contente, au sein des curieux !
Les baladins, la foule et mille et mille jeux,
Tout cela l'entraînait !... Nous fûmes à Nanterre.
Camille remarqua, courbé jusques à terre,
Un vieillard qui chantait, sa sébile à la main.
Plus de dix fois au moins, s'écartant du chemin,
Je la vis au vieillard porter sa douce aumône.
De cet homme, pourtant, la chanson monotone
Me poursuivait sans cesse, et, je ne sais pourquoi,
Dans mon cœur inquiet venait jeter l'émoi.
Cette voix de complainte et qui sentait la treille,
De son ton papelard me fatiguait l'oreille.

Camille m'en voulait, et son excellent cœur
Accusait doucement ma prudente froideur.
« Il n'a que des haillons ! Hélas, sous sa paupière,
Son œil, me disait-elle, ignore la lumière !
Plaignez le pauvre aveugle ; il est si malheureux !...»
Je murmurais tout bas contre ce vilain gueux
Aux traits défigurés, et dont la face atroce,
Me semblait refléter un naturel féroce.
Le soir, quand tout le monde eut repris le chemin,
Nous regagnons Paris, marchant à petit train.
Déjà des promeneurs la foule était passée ;
Camille, assez souvent, s'arrêtant épuisée,
S'asseyait sur les bords élevés du chemin.
Tout fut bientôt désert ; et son pas incertain
Annonçait la terreur. A l'endroit où la route
S'enfonce au sein du bois, j'entends du bruit, j'écoute,
Pour plus de sûreté, n'ayant rien à la main,
J'avance au sein du bois pour couper un rotin.
Presqu'aussitôt un cri déchirant me rappelle.
Je vole vers Camille et je vois, devant elle,
André, son pauvre André, dans son sang étendu.
Un homme s'enfuyait ; je l'avais reconnu :
C'était le mendiant que la bonne Camille
Avait tant assisté ; la malheureuse fille,
Sous ses haillons crasseux le voilant à demi,
N'avait point deviné son mortel ennemi !

La blessure d'André, bien qu'assez dangereuse,
N'entraîna pas la mort. Oh ! qu'elle fut heureuse,
Camille, en ce beau jour où l'on vit à mon bras,
Son André, faible encore, essayer quelques pas !...
Pauvre enfant, ses efforts l'avaient bien affaiblie !
Que de soins ! que de nuits ! Sa figure pâlie
Ne trahissait que trop un si beau dévoûment !
Pourtant son beau sourire avait, pour son amant,
Toujours la même ardeur ; et malgré sa faiblesse,
En mille soins encor s'épuisait sa tendresse.
Lorsqu'André fut guéri, nous nous crûmes heureux ;
Tout semblait, en effet, concourir à nos vœux.
Tu vas voir qu'on ne peut jamais, sur cette terre,
Espérer de saisir qu'un bonheur éphémère.
Déjà, depuis un an, on pleurait Mirabeau ;
Les bourreaux tout sanglants au pied de l'échafaud
Hurlaient. Pour ne plus voir ces stupides canailles,
J'étais, seul et sans bruit, allé jusqu'à Versailles.
En face du palais, de tristesse navré,
Je murmurais tout bas ces vers de notre André :
« Femmes au doux regard, aux belles chevelures
En boucles retombant, ô suaves natures !
Versailles, désormais, sur ses beaux marbres blancs,
N'entendra plus frôler vos manteaux élégants !
Trianon, Trianon, ta pelouse fleurie
Ne caressera plus la pantoufle jolie

Qui la touchait à peine, et de son doux contact
Effleurant le gazon, le laissait presqu'intact !
O jours de mes aïeux ! ô douce souvenance !
Hélas ! pourquoi sur vous la nuit et le silence
Se sont-ils étendus sans espoir de retour ?
Malgré tous vos abus, vous avez mon amour.
Chalets délicieux, ô charmante clairière
Qui soupirez encor le nom de Lavallière,
A mes doux souvenirs répétez-les ces chants
Que des lèvres de rose, en suaves accents
Murmuraient aux échos de vos épais ombrages !
Rappelez, rappelez, ces frais et beaux visages,
Avec leurs fronts si purs et leurs si jolis yeux !
Rappelez cette époque où, s'éloignant des cieux,
Des nymphes, jusqu'alors à la terre inconnues,
Choisirent pour séjour vos belles avenues,
O Versailles ! Pourquoi dire adieu pour toujours
Aux charmants entretiens de vos belles amours ! »
J'étais encor pensif, quand une main posée
Sur mon épaule, vint suspendre ma pensée...
Versailles en ces jours, sans aucun doute a vu
Plus d'un triste regard, plus d'un front abattu !
La douleur, trop souvent, en face de ses grilles,
Vint promener le deuil des plus nobles familles !
Pourtant, je ne crois pas que jamais le chagrin
Sur le front d'un mortel ait imprimé la main

Dont il froissa le mien, tant je fus triste et pâle,
Alors qu'un messager, la face sombre et hâle,
Me dit : « Retournez vite ; un lâche délateur,
En dénoncant André, vient de frapper au cœur
Camille, dont l'espoir, en ce malheur extrême,
N'a plus, hélas, que vous pour sauver ce qu'elle aime !
André vient en prison d'être mis à l'instant.
—La prison, c'est la mort ! » lui dis-je, et sur-le-champ,
A grands pas vers Paris je marche l'âme en peine.
Près de Camille, enfin, j'arrive hors d'haleine ;
Elle était sur son lit, pâle et les yeux hagards;
Sur son sein s'épanchaient ses beaux cheveux épars ;
En mille vains propos s'exhalait son délire.
N'écoutant que mon cœur, je dis ce que m'inspire
L'amitié ; mais en vain. Les soins les plus urgents
Lui furent prodigués par quelques braves gens.
Quant à moi, d'un retard craignant la conséquence,
Vers le noir tribunal, inquiet, je m'élance ;
J'avais là des amis dont j'espérais l'appui.
Hélas ! tout concourait à combler mon ennui !
Dans ces lieux infernaux, où maint juge sommeille,
Je m'engage, et l'un d'eux, qu'avec peine j'éveille,
(Le champagne, je crois, l'avait trop étourdi),
Me répond, en bâillant d'un air fort peu poli,
Que j'aie à me pourvoir auprès de ses confrères,
Ajoutant que mes pas lui semblaient téméraires.

Non loin de cet endroit était un cabinet
Où cinq hommes semblaient converser en secret.
Des verres renversés, la table encor garnie,
Trahissaient sans nul doute une récente orgie.
L'un tenait un papier où la plume courait,
Ajoutant, retranchant, comme on le désirait.
Je croyais qu'en programme on réglait une fête.
L'un d'eux me reconnait enfin, et sa main prête
A trinquer, vers la mienne avec peine s'étend.
« Bonjour, ami, dit-il ; dites-moi donc comment
Et pourquoi je vous vois en ces lieux, à cette heure ?
—Je viens pour un ami, qu'on a de sa demeure
Enlevé sans motif. — Son nom, dit-il. — André.
— Diable ! Vous faites bien, car je le crois entré
Dans la liste qu'on va porter à l'Abbaye.
— Sauvez-le, m'écriai-je ; oh je vous en supplie !
Sauvez mon cher André ! Rendez-moi mon ami. »
Alors sur ce papier qu'on avait mis sous pli,
Papier que j'avais pris pour un simple programme,
Il fait rayer le nom pour lequel je réclame.
J'étais pâle d'horreur en voyant cette main
Qui marquait ou rayait à chacun son destin,
Et sous l'œil des bourreaux, à leurs ordres docile,
Pour des arrêts de mort se montrait si facile.
Celui qui, tout d'abord, m'avait tendu la main,
Me donne un sauf-conduit, disant : « Votre chemin

Par là vers votre André s'aplanit ; dans une heure,
Il peut à votre bras regagner sa demeure. »
Je vole vers Camille ; en voyant cet écrit,
Son mal a disparu. S'élançant de son lit,
Bien que son pauvre corps sous la faiblesse tremble:
« Nous irons, me dit-elle, oh nous irons ensemble ! »
Nous sortons. Tout-à-coup, s'avançant à grand bruit,
Le char des condamnés, que tout un peuple suit,
Formant triste cortège à ces pâles figures,
Paraît ; de sombres cris, les plus tristes injures
Insultaient au malheur. Je me détourne exprès,
Pour ne point attrister Camille de leurs traits.
Son instinct la poussait en cet instant, sans doute,
Au milieu de la foule elle s'ouvre une route :
« Arrête ! cria-t-elle, arrivant jusqu'au char.
(Elle avait reconnu, d'un rapide regard,
Celui qu'elle croyait éloigné du supplice).
Arrête ! cria-t-elle, ou reçois sa complice ;
Je veux l'accompagner jusque sur l'échafaud ! »
On cherche à l'écarter ; elle lutte et, bientôt,
Sous les stupides yeux d'une foule inhumaine,
Au-devant des chevaux la pauvre enfant se traîne...
Philopœmen alors, vaincu par la douleur,
Aux larmes, aux sanglots abandonne son cœur.
— Pardon, dit-il enfin ; mais ma triste pensée
Me la retrace encor sous la roue écrasée.

Pauvre fleur échappée à la main du bonheur,
Elle était sur le sol étendue ; ô douleur !
Sur ces yeux si brillants, sur ce charmant visage,
De la cruelle mort s'étendait le nuage !
Maudites soient les gens d'un génie infernal,
Qui boivent à longs traits à la coupe du mal !
Le croirais-tu, Montfort, la barbare ironie
Vint encor s'ajouter à ma peine infinie.
Un homme... (était-ce un homme, ou plutôt sous ce nom
L'enfer n'avait-il pas caché quelque démon ?)
Un homme osa parler, d'une insulte grossière
Prodiguant les propos à ma triste misère !...
Pauvre corps mutilé, déplorables lambeaux,
Pouviez-vous exciter de stupides bravos ! ! !
Et cet homme c'était !... Eh tu viens de l'entendre !...
Mon émoi, maintenant, pourra-t-il te surprendre,
Si de ce délateur, dont l'image me suit,
Si de ce mendiant, vil assassin de nuit,
La détestable voix, en mon âme interdite,
Vient rappeler soudain une histoire maudite !...
Ayant ainsi parlé, brisé par la douleur,
Philopœmen pleurait. N'écoutant que son cœur,
Et sans doute cherchant, pour calmer sa souffrance,
Un ancien souvenir ; d'un air de nonchalance
Il tire de sa poche un étui brodé d'or.
— Voilà ce qui me reste, ô mon pauvre Montfort ;

Regarde... En même temps à sa main défaillante
Brillait un médaillon. Camille souriante,
De ses deux yeux malins y semblait agacer
Celui dont le regard venait s'y reposer...
—Ces deux lettres encor, précieux héritage,
De mon cœur, disait-il, sont l'unique partage !!!...
Tu vas voir de quel style ils écrivaient tous deux...
Montfort tient les papiers qu'il dévore des yeux :
« Encor sur le papier, disait l'un, ô ma mie,
Mon cœur se voit contraint de répandre sa vie !
Ma vie, ô tu le sais, Camille, est à tes pieds,
Et ces jours, loin de toi, sont des jours effacés ;
Mais il faut s'y soumettre, ô rayon de mon âme !...
Que de fois, par mon cœur égaré, de ma flamme
J'ai conté les douceurs aux rivages, aux bois !
Car, plus que les mortels je les chéris cent fois.
Quand aux bords de la mer quelquefois je m'avance,
Comme mon âme, alors, vers l'infini s'élance !
Mon esprit s'agrandit ; sur l'aile du désir,
Jusqu'à l'Être éternel il cherche à parvenir.
Parfois, sous les efforts d'une rude tourmente,
Lorsqu'éclate la voix de la tempête ardente,
Le rivage blanchit sous la neige des flots ;
Le tonnerre grondant, effroi des matelots,
Se déchaine, et la mer, sortant de ses abîmes,
Semble monter aux cieux en bouillonnantes cimes.

Alors, j'aime les flots sur la grève roulants
Ou se ruant en masse en des antres béants;
Et soulevant soudain comme un bruit de tonnerre.
Ce spectacle m'étonne, et mon être éphémère
Tremble comme l'oiseau, près de cet élément ;
J'élève mes regards et je prie un moment !...
Tout n'est point en ces lieux toujours grand et terrible;
Sur ces bords le plaisir est encore possible.
Parfois, déployant l'aile au fougueux aquilon.
Et traçant sur les eaux un rapide sillon,
On peut voir ma nacelle, ardente et vagabonde,
Courir au sein des flots dont l'écume l'inonde.
Ralentissant sa marche, et, par un long circuit,
Venant éteindre au bord le sillon qui la suit,
Elle s'arrête enfin, et sur la molle arène
Appuyant doucement sa légère carène,
Comme pour s'endormir sur le sable brillant,
Elle incline son bord et verse sur le flanc ;
Et puis, lorsque la mer des bords s'est écartée,
Quand se dresse aux regards mainte roche escarpée,
D'où pend en longs cheveux l'humide goëmon,
Alors vient un plaisir, plaisir de grand renom :
Aux flaques, aux canaux que la mer emprisonne,
On voit, filets en main, mainte et mainte personne.
Quel bonheur de pêcher ! quel plaisir, à fleur d'eau,
Que la proie accrochée à l'humide réseau !

Je goûte ce plaisir... Mais loin de mon amie,
Le plus doux passe-temps me fatigue et m'ennuie.
O ciel ! rendez-les moi, mes charmantes amours !
Et, s'il me faut vieillir, vieillissez-moi ; les jours
Ne me sont vraiment rien, qui s'écoulent loin d'elle.
Encor, encor un mois, ô douce tourterelle !
Ce mois est un long siècle ! Oh que ne puis-je, hélas !
Vieillir soudain d'un mois et tomber dans tes bras !...

.   .   .   .   »

Camille, dans sa lettre, était moins sérieuse ;
On devinait l'enfant, sous la phrase amoureuse :
« Mon ami, disait-elle, on m'a, loin de Paris,
Promenée aujourd'hui ; les danses et les ris,
Ces joyeux compagnons que l'on fête à notre âge,
Ont fait, pendant trois jours, de mon temps leur partage.
J'étais avec Hélène, au sourire rêveur,
Hélène, dans les champs, qui contemple la fleur
Et semble lui parler d'une façon divine,
Que je ne connais pas !... Pour moi, vive, mutine,
Pendant qu'elle compose, à l'ombre des ormeaux,
Je suis des papillons les détours inégaux.
J'ai recueilli pour toi ces quelques vers d'Hélène,
(Lorsqu'elle les rêvait je jouais dans la plaine)
Les voici : « J'aime l'heure où, de mille rayons,
« Le plus ardent soleil tourmente les sillons :

« J'écoute dans les prés les cigales chantantes,
« Tous les faneurs de foin, poitrines haletantes,
« En s'essuyant le front viennent près des fossés ; -
« Puis, tirant les cruchons sous les roseaux placés,
« Ils boivent à longs traits, de leurs bouches avides,
« Un cidre frais et sur. Des génisses stupides,
« Le col bas et tendu sur leurs genoux cagneux,
« L'oreille en mouvement et le muffle baveux,
« A l'ombre, à côté d'eux, nonchalamment ruminent.
« Les fourmis, au sentier, sans relâche cheminent,
« Pendant qu'à la prairie, étalant ses couleurs,
« Le papillon voltige et va de fleurs en fleurs. »
Sans doute que ces vers, qu'inspira la nature,
Te parleront à toi ; moi, pauvre créature,
Je ne connais encore, ici-bas, qu'un bonheur,
C'est de pouvoir, ami, te presser sur mon cœur !... »
Ces lettres, de leurs yeux avaient tiré des larmes.
—Pourquoi, disait Montfort, prodiguer tous ces charmes,
O destin, quand il faut, par un retour du sort,
Que tout s'anéantisse au souffle de la mort ?...
Il discourait encor, quand soudain à sa vue
S'offre une jeune fille égarée, éperdue.
Montfort la reconnaît : — Jeanne ! s'écria-t-il...
Comment... par quel hasard... Et pourquoi se fait-il
Que... Sa bouche ne put en dire davantage ;
Elle resta béante en face du visage

Que l'homme aux dominos vint lui montrer soudain.
Comme on voit une hyène au milieu d'un ravin,
Où l'avait attirée une odeur de curée,
S'arrêter tout-à-coup sur la route effondrée,
Et, la gueule tremblante et le museau traînant,
Tout autour de la proie errer en grommelant,
En voyant un lion qui, dans la fondrière,
Hérisse devant elle une épaisse crinière.
(Le roi des animaux, sur sa proie élevé,
Suit d'un sombre regard le monstre décharné).
Tel, en voyant Montfort, notre bandit s'arrête.
Bientôt il se remet : — Ma foi, c'est pas si bête,
Dit-il, deux contre moi, c'est beaucoup. M'effrayer...
Allons donc, pas possible !... Et du reste, l'acier
De·mon poignard est bon et de nouvelle trempe...
Montfort l'a deviné ; sur-le-champ, à la tempe,
Il le frappe du poing et l'étend à ses pieds.
Jetant sur le bandit des regards effrayés,
Son jeune compagnon, que ce spectacle écrase,
Se tourne vers Montfort, semblant demander grâce.
Philopœmen lui dit : — Jeune homme, je comprends,
Ton cœur hésite encor ; mais il est encor temps.
Tu peux laver ton crime. Il faut, à la patrie,
Il faut que, noblement, tu consacres ta vie.
Suis-nous ; et désormais, fidèle à mon dessein,
Efface les leçons d'un infâme assassin ! »

Quels chants troublent la nuit?...N'est-ce pas l'hymenée
Qui se livre aux ébats de sa joie effrénée ?
Des femmes, cependant, on n'entend pas la voix !...
N'est-ce point une orgie ?... Ainsi l'on voit parfois,
En dépit des parents, la jeunesse légère
Se griser dans Paris en trinquant à plein verre...
Pourtant, ni le quartier, ni la voix, ni le ton,
Ne rappellent ici la piquante chanson
Du jeune étudiant qui s'est mis en goguette !
On dirait la prison !... Cette porte secrète

Et cette énorme grille, ayant à ses côtés
Deux hommes l'arme au bras, en silence postés....
Oh je te reconnais, tombeau de la justice!
Mais pourquoi cette joie en un lieu de supplice ? ..
C'est assez naturel, cependant ; le geôlier
Est un homme important aujourd'hui ; son métier
N'est plus, comme autrefois, une place perdue ;
Chacun se la dispute, et chaque bienvenue
Fait couler à pleins bords le vin et les chansons.
Ce n'est pas qu'on y voie, aux mains des échansons,
Ces vins délicieux que l'indolente Espagne
Récolte sans labeurs, dans sa riche campagne,
Ou ces bons crûs de France à l'exquise saveur,
Bordeaux, Chambertin, Nuits, si chers à l'amateur.
Du Champagne, non plus, l'écume pétillante,
N'y vient point déborder une coupe élégante.
Mais ce jus précieux, si cher au genre humain,
Que l'art de l'alambic sut arracher au vin,
Y vient à reflets d'or, s'épancher dans les verres....
Qui croirait à les voir qu'ils sont des cimetières
Les gardiens avancés, dont la fatale main
Chaque jour vient ouvrir les portes au destin ?
On dirait, à leurs yeux, le bonheur en délire !
Et pourtant c'est l'ivresse insultant au martyre,
Qui chante sur la tombe où son bras va jeter
Les pauvres condamnés qu'elle vient de compter.

Mais de l'amphytrion pourquoi donc la tristesse
Voile-t-elle le front ? Sur ce front la jeunesse
Semble jeter encor les plus jolis rayons !
Pendant qu'à ses côtés ses joyeux compagnons
Souvent, à sa santé, boivent mainte gorgée,
Remerciant du geste, et la lèvre baignée
A peine dans le verre, il tient toujours les yeux
Fixés sur un cadran marquant l'heure en ces lieux.
L'horloge avait déjà, sur son timbre sonore,
Marqué par quatre coups l'approche de l'aurore ;
Le jeune homme se lève et, d'un air nonchalant,
Il marche sur les pas d'un guide chancelant.
Ce guide, succombant aux vapeurs de l'ivresse,
S'affaisse au pied d'un mur et dans la cour le laisse
Seul, et cherchant des yeux, non sans être inquiet,
Pour sortir de ces lieux, la porte d'un guichet.
Ses regards se perdaient dans cette cour obscure ;
Un rayon de lumière à certaine ouverture
Parut. Vers cet endroit il marche à pas comptés.
C'était un vieux guichet, dont les ais écartés
Laissaient pénétrer l'œil dans une cour secrète.
Devant ce trou perfide, immobile il s'arrête,
Et n'aperçoit d'abord que quelques charriots,
Des harnais suspendus, des colliers de chevaux
Dressés le long du mur ; enfin une lanterne
Lui laisse apercevoir un homme à face terne.

Au dur et sombre aspect, âgé de soixante ans ;
Son front bas s'ombrageait de cheveux grisonnants.
Des charriots cet homme, avec soin, en silence
Et le ruban en main, marquait la contenance.
Lui-même, plusieurs fois, s'asseyait sur les bancs
Et semblait murmurer quelques mots mécontents.
Notre jeune garçon demeurait à sa place
Tout oreilles, tout yeux ; lorsqu'un geôlier qui passe,
Le frappe sur l'épaule et lui fait faire un bond.
« Oh c'est vous, lui dit-il, mon jeune ami, pardon ;
Mais il ne faut jamais porter ici la vue.
Si Fouquier le savait, votre place perdue
Ou dame guillotine, hélas, vous punirait !
Il est, en ce moment, d'un ouvrage secret
Occupé. Suivant lui, la besogne est trop lente,
La charge aux charriots lui semble insuffisante.
Il compte trente-deux, quand des calculs précis
Assurent qu'on n'en peut mettre en rang que vingt-six.
— Pourquoi ces charriots ? demanda le jeune homme.
— C'est pour aller là-bas, à la place qu'on nomme
La place de la veuve ; on y voit, chaque jour,
Les nobles dans le sac se plonger tour à tour. »
Le jeune homme sentit, sous cette phrase infâme,
Le frisson de la mort le gagner jusqu'à l'âme.
Le geôlier ajouta : « C'est moi qui suis chargé
De vous mettre au guichet qui vous est adjugé ;

C'est un poste important ; vraiment je vous soupçonne
D'être le protégé d'une haute personne.
Vous aurez à conduire ici les prisonniers,
Afin que le notaire arrange leurs papiers. »
Cela dit, il montrait un corridor immense
Où le pauvre garçon se dirige en silence.
Le tambour retentit ; au milieu des sanglots,
Par le guichet ouvert, à pas lents, inégaux,
Des femmes, des vieillards, ayant pâles figures,
S'avancent. En voyant ces belles créatures,
Si nobles par l'aspect, et dont la dignité
Contraste avec les traits du geôlier hébété,
Guillaume fut ému. Le placide notaire,
De chaque prisonnier stupide mandataire,
Le front calme et l'œil sec, voyait sur le papier
Les pleurs troubler le nom qu'on venait de signer.
Guillaume se sentait faible devant ces larmes ;
Le pauvre enfant encore ignorait quelles armes
Il faut à la pitié pour agir en bourreau :
Il restait accablé sous ce triste tableau,
Bourrelé de remords et cachant avec peine
Les soupirs qui sortaient de sa poitrine pleine.
Un jeune clerc l'aborde ; il avait sur le nez
Des conserves bleu-noir ; ses papiers ramenés
Sous le bras, en un coin de la chambre il le mène ;
Là, dans un entretien, doucement il l'entraîne.

Enfin, d'un geste adroit se découvrant un peu,
Jeanne vous met Guillaume au courant de son jeu :
« Dans trois jours, lui dit-elle, il faut que votre zèle
Seconde les efforts d'un compagnon fidèle ;
De l'un des charriots, de bons chevaux muni,
Grisez-moi le cocher, mais non pas à demi. »
Cela dit, notre clerc, s'éloignant de sa vue,
Franchit le seuil fatal et se perd dans la rue.

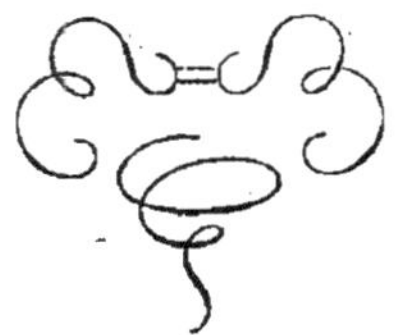

III.

Qui m'ouvrira ces lieux qui répètent encor
Dans leurs tristes échos des sentences de mort ?
Il nous faut, maintenant, les compter ces victimes
Pour qui les noms, hélas, les noms étaient des crimes !
Voyez-vous ce vieillard, là-bas, à cheveux blancs ?
Il espérait s'éteindre au bras de ses enfants ;
Comptant sur ses amis, dans sa riche demeure,
Il les voyait déjà pleurant sa dernière heure.
Hélas, il est proscrit ! Son front triste et pâli,
Semble, par le malheur, être encore ennobli ;

Il marche lentement, récitant la prière
Que tout chrétien récite à son heure dernière.
Et cette jeune fille aux regards languissants,
Dont la plaintive voix, en suaves accents,
Comme celle du cygne, au monde qui l'adore,
Pour la dernière fois se fait entendre encore,
Quel crime dans ces lieux a donc pu l'amener ?
Barbares, répondez : Pourquoi l'assassiner ?...
Et toi, de notre muse élégant interprète,
Qui t'a mis en ces lieux, ô malheureux poète ?
Tes regards attristés et mourants de langueur,
Respirent les pensers qui luttent dans ton cœur.
Tu meurs ; et l'avenir, hélas ! ce brillant rêve,
Comme un nuage d'or devant toi se soulève,
Ouvrant à tes regards ces dômes glorieux
Où le nom de poète est inscrit radieux.
Oh ! quand triste et penché sur ta lyre plaintive,
Tu méditais les chants de la jeune captive,
En tes pensers d'amour le spectre de la mort,
Hélas, ne vint-il point arrêter ton essor ?
Tu chantais, ô poète, étourdissant ta peine ;
Tu notais tes accords sur ta fatale chaîne,
Aux horribles pensers tu cherchais un oubli...
Mais quel est, dans ce coin, ce groupe assez fourni ?...
Sous l'astre vacillant d'une chandelle obscure,
Chacun prête l'oreille à certaine aventure.

Récit assez piquant, surtout pour la prison.
Voyez, c'est la gaîté qui rit à plein poumon.
Semble-t-elle vraiment si naïve et si pure,
De condamnés à mort dilater la figure ?
Qui croirait, à les voir si bravement joyeux,
Qué la mort les attend au.sortir de ces lieux ?
Quand le vaisseau chancelle, au sein de la tourmente,
Aux regards effrayés quand la mer est béante,
Tombe qui doit sur tous se fermer à jamais,
Les uns poussent des cris, et les autres en paix
Attendent le trépas dont le moment s'avance.
Chez quelques-uns encore, on voit l'insouciance,
Pour chasser de la mort le funeste penser,
Dans les vapeurs du vin aveugle se bercer.
Mais ce sommeil d'emprunt vainement les enchante ;
Quand la carène touche et que l'eau mugissante,
Jusqu'à la flottaison accable le vaisseau,
La frayeur, de l'ivresse écarte le bandeau ;
Alors de l'océan attendant ses victimes,
A leurs tristes regards s'entr'ouvrent les abîmes,
Sous ce coup effrayant succombe le plus fort,
Et sur leurs yeux s'étend le voile de la mort.
Ainsi lorsqu'aux prisons la clef dans la serrure
Grinçait ; quand du geôlier se montrait la figure,
Qu'on le voyait tenant la sombre liste en main,
Les jeux et les propos se suspendaient soudain.

D'abord, on s'écartait du farouche cerbère;
Comme aux cirques romains, en ouvrant la barrière,
Les gardiens s'écartaient du tigre et du lion.
Mais les plus curieux domptant l'aversion,
S'approchaient du geôlier et, d'un regard avide,
Interrogeaient la liste. Un visage livide,
Des yeux épouvantés en face de la mort,
Souvent, souvent hélas! venaient trahir leur sort.
Mais ne songeant qu'à soi, sous ces arrêts terribles,
L'égoïsme laissait bien des cœurs insensibles.
Parmi les détenus se trouvait un vieillard,
Ayant auprès de lui sa fille au doux regard,
Belle enfant qui savait, d'une vive tendresse,
De mille soins touchants alléger sa détresse.
Sa vue à bien des yeux avait tiré des pleurs;
Son sort, son triste sort occupait tous les cœurs.
Silence!... Le geôlier sur la porte se dresse;
On pâlit ; sur son épaule en foule on se presse.
Le geôlier, en tremblant, nomme... Benedetta.
La belle enfant se lève, et quittant son grabat,
Docile à l'ordre exprès de la sombre sentence,
Au milieu de la salle à pas tardifs s'avance.
Telle brille une étoile, alors que dans les cieux
Sous la blanche vapeur elle voile ses feux.
En voyant s'avancer cette vierge si pure,
Un penseur s'écriait, vaincu par la nature :

« Qu'elle est belle la fleur, aux rayons du soleil,
Lorsqu'au gré du zéphir son calice vermeil
Berce nonchalamment les larmes de l'aurore !...
Le soir elle n'est plus, quoiqu'on la cherche encore !
Tout vit, tout meurt, tout va dans cet immense cours
Qu'on nomme la nature, étrange et beau concours
De lois et de moyens, vaste et puissante échine
Qui soutient, comme Atlas, le monde et sa machine !
La nature !... quel mot !... quel être !... quel esprit !...
Pourquoi ce nom si grand est-il si mal écrit ?...
Est-ce tout ici-bas, ou reste-t-il encore
Au-delà de la tombe une nouvelle aurore ?...
Nœud gordien de la mort, qui peut te dénouer ?
Parle donc, ô silence !... Allume ton foyer,
O ténébreuse nuit !... Mais, ô peine perdue,
La mort est un cahos où s'égare ma vue !...
Et cette jeune fille... elle aussi va mourir !
Ce beau fruit, on l'abat sans le laisser mûrir !...
Elle est belle, pourtant ! et cette créature
Eût pu te faire honneur, ô fatale nature !... »
La vierge, cependant, à la mort s'avançait ;
Un bon prêtre, en pleurant, priait et bénissait
Cette tête si douce où brillait l'innocence ;
Enfin sa faible voix, au milieu du silence,
Laisse échapper ces mots : « Ne crains rien, le Seigneur.
S'il te cueille, pour lui te cueille, ô belle fleur !... »

Arrivez donc !... ainsi vociférait la foule.
Aux portes ondulant en furieuse houle.
Benedetta paraît, pâle et baissant les yeux ;
Le peuple, en la voyant, reste silencieux.

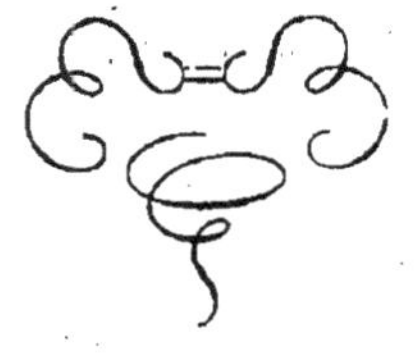

On attend ! L'échafaud est dressé sur la place ;
La terre, humide encor, du sang garde la trace.
— Les voilà ! les voilà !... Soudain, de toutes parts,
Vers le point indiqué se tournent les regards.
Benedetta semblait un ange dont les ailes
Se déploient pour gagner les voûtes éternelles.
Bedfort était brisé ; soit faiblesse, soit peur,
Il tremblait... Les propos circulaient.—Quel malheur!
Disait-on, pauvre enfant !... à peine épanouie,
Tu vas donc sous le soc, ô fleur être flétrie !...

Oui, malgré vos fureurs, vous pleuriez, n'est-ce pas.
O mères, en songeant que de ce même pas
Les bourreaux à la mort menaient la jeune fille.
— En avant !... A ce cri, sous le glaive qui brille,
La foule en blasphèmant s'ébranle et roule à flots ;
Les femmes, les enfants, sous les pieds des chevaux,
Tombent en gémissant, pendant qu'avec audace,
L'escorte, sabre au poing, s'avance et se fait place.
— Arrêtez !... Arrêtez !... Mais l'un des tombereaux
Vers le bois de Boulogne, au galop des chevaux,
Suivi de cavaliers à mine singulière,
S'élance et disparaît dans des flots de poussière.
Les gendarmes en vain le suivent sabre au poing,
La vierge est enlevée ; on ne l'atteindra point.

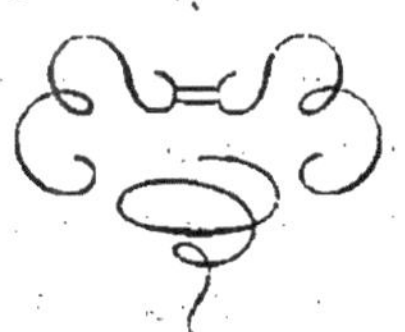

LIVRE SEPTIÈME

Le lion s'est levé, secouant sa crinière,
Il a de tous côtés tourné sa tête altière;
    Ses yeux roulent du sang.
Sur ses membres tendus, attentif il s'avance;
Il gronde ; tout se tait, tout s'émeut en présence
    Du monstre rugissant !

§

Oh ! je l'entends déjà qui déchire sa proie !
J'entends, ô bruit affreux ! sous sa dent qui les broie.
Les os s'entre heurter !
Et, se mêlant au bruit des mâchoires puissantes,
J'entends aussi la voix des victimes gisantes,
Faiblir et s'arrêter !...

§

Ce superbe lion, ô France malheureuse,
Son aveugle colère et sa dent furieuse
Naguère te troubla.
Mais on n'entendra plus cette voix que la terre
Redoutait, effrayée, autant que le tonnerre ;
Car le dompteur est là !...

PASSAGE DU MONT SAINT-BERNARD

ET BATAILLE DE MARENGO.

Salut ! monts élevés, au front couvert de neige !
Salut , vastes déserts que le silence assiège !...
Qui pourra me donner, comme à l'aigle puissant,
Ce vol qui franchit tout, le gouffre mugissant
Et la cime escarpée, et qui va par les nues
Trouver jusques aux cieux des routes inconnues ?...
Il me serait permis, antres mystérieux,
De saisir dans ce gouffre, entr'ouvert sous mes yeux.
Ce que le Créateur, sur les bords d'un abîme,
Imprima d'étonnant, de vaste et de sublime !...

Mais il n'appartint point aux regards d'un mortel
De percer de ces monts le nuage éternel,
Jusqu'à ce qu'à la fin un homme le gravit,
Et, sur ses pas hardis, un peuple le suivit !
De ce génie ardent la sublime folie,
Par delà les glaciers osait voir l'Italie !
A travers les périls entraînant ses soldats,
Il s'ouvrit un chemin sous l'effort de ses pas.
Monts cachés jusqu'alors, glaciers impénétrables,
Rocs jetés sur l'abîme et gouffres effroyables,
Dites, répondez-moi, de quel étonnement,
En le voyant marcher aussi résolûment,
Fûtes-vous accablés ?... Echos, de quelles plaintes
Fîtes-vous retentir vos solitudes saintes ?
Aigle de la montagne, on dit que soucieux,
Tu restas un instant suspendu dans les cieux,
Cherchant à reconnaître et saluant sans doute,
Celui que tu devais diriger dans sa route !...
Noble fils de Carthage, ô toi qui, sous ta main,
Abaissas tant de fois l'orgueil du nom romain,
Sans doute, du tombeau secouant la poussière,
Tu vins le diriger dans sa noble carrière.
Couvert de son manteau, monté sur un mulet,
Cet homme maladif au corps maigre et fluet,
Cheminait doucement ; pauvre petit atôme,
Qui cachait sous son front les desseins d'un grand homme!

Tout petit, et pourtant il était d'un tel poids,
Que, lui seul, il allait faire équilibre aux rois !
Croyez-vous qu'il pensât, en cet instant suprême,
A ses nobles desseins, au trône, au diadème ?
Non pas, il devisait ainsi qu'un voyageur
Qui parle avec son guide et se montre causeur.
Ce peuple tout armé, qui suivait sa fortune, .
Semblait en cet instant d'une importance aucune.
On eût dit, à le voir, quelqu'oisif étranger,
Par les monts escarpés aimant à voyager.
O calme du grand homme !... Alors que ton idée
Se voit par les destins à peu près secondée,
Tu vas insoucieux et certain du succès,
Tu dors sur l'avenir et reposes en paix
Dans les belles hauteurs de la vaste atmosphère,
Où l'aigle du génie a suspendu son aire !
A quelques pas de lui, loin de tout entretien,
Noble dans sa démarche et grave en son maintien,
Un homme s'avançait ayant pâle figure ;
C'était un officier à noire chevelure.
Son regard plein de feu, bien qu'à demi voilé,
Son beau front découvert, mais déjà sillonné
Par un sombre chagrin dont il traînait la chaîne,
Annonçait un héros. Montfort, pauvre âme en peine,
Que viens-tu faire ici ?... Ton implacable sort
Te pousse vers la guerre où tu cherches la mort.

Hélas ! que t'a servi cette noble pensée
Qui t'a fait de la mort sauver ta fiancée ?
Lorsque de l'échafaud tu l'enlevas, soudain
Le destin ennemi, l'arrachant de ta main,
La jeta, loin de toi, sur la rive étrangère,
Et te laissa languir isolé sur la terre.
Pauvre-ami, pauvre cœur, fatigué de souffrir,
Tes yeux, tes tristes yeux cherchaient à découvrir
Des saints religieux le précieux asile,
Simple et modeste toît de chaume sur l'argile
Reposant, saint asile où de la charité,
Sans cesse au voyageur le pain est apporté.
L'esprit est plus ouvert aux mystiques pensées
Lorsque, sous la douleur les amours effacées,
L'âme vers l'infini s'élance, et dans la foi
S'endormant, s'abandonne à sa fatale loi.
Montfort en était là. Muet, comme en délire,
Il resta, contemplant ce bienveillant sourire,
Ces figures de saints aux modestes regards,
Ombrageant leurs beaux fronts de cheveux blancs épars.
Le prieur s'avança. Du ton le plus aimable,
Il offre au général le couvert et la table,
Des fruits et du laitage, et ces rustiques mets
Dont sa pauvre maison lui permet les apprêts.
Lorsqu'on se sépara, sur sa dernière phrase,
Le prieur demeura muet, comme en extase.

Cet homme l'étonnait ; bientôt à ses regards.
Comme si l'avenir découvrît ses hazards :
« Qu'aperçois-je ! dit-il ; quelle est la sombre nue,
Qui du nord au midi tout-à-coup est venue ?
Quel est ce bruit lointain ?... On dirait qu'ébranlé,
Le monde va s'ouvrir dans son immensité !
Quel cavalier rapide ! étonnant météore,
Il vole, radieux, du couchant à l'aurore ;
De son fougueux coursier le sabot est d'airain ;
D'une écume sanglante on voit fumer le frein.
Il court, il court ! Guerrier, la terreur t'environne,
Ton bras lance la foudre et ton regard étonne...
Va toujours, va toujours, écrase les humains !
Pétris peuples et rois dans l'acier de tes mains ;
Qu'à tes pas soit la cendre, et qu'au bruit de tes armes
Les peuples soient saisis des plus sombres alarmes ;
Va toujours, va toujours !... Tristes sont les moments
Où l'on sent qu'on succombe au poids des éléments !
Quoi ! déjà disparu !... plus rien, pas une trace !...
Je cherche ce guerrier... mais hélas, tout s'efface !...»
Enfin le Saint-Bernard, par le pied des géants,
Venait d'être franchi comme en un jeu d'enfants.
Ombres des vieux Romains, accourez voir cet homme
Qui va faire pâlir les plus beaux noms de Rome !
Admirez ce coup d'œil qui saura tout saisir,
Embrasser la distance, éviter ou choisir !

Ainsi qu'on voit parfois un oiseleur habile
Etaler avec soin une trame subtile,
Bonaparte saura, comme d'un lacs d'airain,
Couvrir tous les chemins de ce vaste terrain.
Lannes, Victor, Désaix, tous égaux en courage,
Mènent résolûment cet admirable ouvrage...
Un bruit sourd retentit... Désaix s'est arrêté,
Guidé par le génie, il tourne du côté
Où le canon résonne, et sa troupe fidèle
S'élance au pas de course, où son chef la rappelle.
O fortune, ô génie, ô trop heureux instinct !
Ce retour inspiré va fixer le destin !
Accours, Désaix, accours et perce le nuage
Qui vient porter la nuit sur ce champ de carnage.
A l'affreuse clarté qui déchire ses flancs,
Tâche de reconnaître où sont les combattants.
Sur un tertre élevé d'où, sur l'immense plaine,
Les regards s'étendaient et découvraient sans peine
Des deux peuples rivaux les nombreux bataillons,
Bonaparte veillait ; les terribles sillons
Creusés par le boulet, la plaintive agonie,
Le tonnerre grondant de l'armée ennemie,
Rien ne peut l'ébranler ; il est là !... Dans sa main
Brille ce double verre avec lequel, soudain,
Il suit l'Autrichien, et, prompt à le comprendre,
Dans ses propres desseins il saura le surprendre.

De ses ordres nombreux, rapides messagers,
De braves lieutenants, autour de lui rangés,
Nobles cœurs, vrais héros, admirable cohorte
Que vers le champ d'honneur l'enthousiasme emporte,
Se tiennent attentifs aux moindres mouvements,
A la moindre parole, et puis, à tous moments,
S'élancent dans la plaine et vont dans la mélée.
Sur la terre qui fume et gémit ébranlée,
Disparaître. Plusieurs s'éloignant de ces lieux,
En se serrant la main se faisaient leurs adieux,
Et, dans les beaux transports de leur âme attendrie,
S'exhortaient à mourir, au doux nom de patrie.
Du démon des combats les ardentes fureurs,
De la mort, en ces champs, promenaient les horreurs ;
Le sang coulait à flots, et d'un affreux tonnerre,
Les longs tubes d'airain faisaient trembler la terre ;
De leurs mugissements, les lugubres échos
Retentissaient au loin. Dans le sein des tombeaux,
Peut-être en ce grand jour le fracas de la guerre.
Fit frémir un instant une antique poussière.
Un nuage effrayant, comme un voile de deuil.
S'étendait à longs plis sur ce vaste cercueil ;
Des chevaux effrayés, agitant leur crinière,
En désordre fuyaient au bout de la carrière ;
Cédant devant les coups de redoutables feux,
D'autres s'embarrassaient dans des marais fangeux.

O Lannes, ò Victor, ô vous la valeur même,
Que n'essayâtes-vous dans ce moment suprême !... .
Trois fois de Marengo le village emporté,
Trois fois l'Autrichien dans sa marche arrêté,
Prouvèrent les efforts de vos âmes sublimes ;
Les soldats, à la voix de leurs chefs magnanimes,
S'élançaient à la mort ; mais il fallut plier
Et sous le nombre, hélas, à regret reculer !...
Comme on voit un lion dont la gueule sanglante
Epouvante et contient la troupe haletante,
Qui le poursuit de loin et n'ose s'avancer ;
Tel Lannes, reculant, semble les menacer.
La plaine, en ce moment, n'était plus qu'un nuage
Où bondissait ardent le plus terrible orage.
Au milieu des vapeurs de ces noirs tourbillons,
D'un œil non fatigué suivant ses bataillons,
Bonaparte marquait (puissance singulière!)
Sans trouble et sans émoi, leur marche régulière.
C'est ainsi que parfois, d'un vol majestueux,
Au milieu d'un orage, imperturbable, heureux,
L'aigle peut s'élancer, et d'une aile puissante,
Dans les plaines de l'air ou dans la nue ardente,
Se plonger tour à tour et maintenir son vol,
Sans redouter les feux qui font trembler le sol.
Déjà nous reculions ; déjà, dans sa pensée,
Par les savants détours d'une marche pressée,

Bonaparte songeait à forcer son rival
De s'engager enfin sur un sol inégal,
Où l'on serait contraint de lutter en courage,
Où des lourds escadrons le puissant avantage,
Grâce au terrain chargé d'arbres entrelacés,
Ne viendrait plus peser sur ses soldats lassés.
De Désaix, tout-à-coup, l'arrivée opportune,
De nos soldats vaincus vient changer la fortune.
Bonaparte saisit la main de son ami ;
Impassible, d'un geste, il montre l'ennemi.
Et lui dit : « Regardez sur ce champ de carnage.... »
Comme après les fureurs d'un violent orage,
On voit d'épais flocons, au souffle du matin,
Se dérouler encore et se perdre au lointain,
Ainsi vers l'aile gauche, où nos pauvres soldats,
Forcés de reculer revenaient sur leurs pas.
Le canon se taisait, et sa blanche fumée
A peine apparaissait sur l'une et l'autre armée.
Mais de l'autre côté le tonnerre grondait ;
La garde consulaire, intrépide, luttait.
Quoique battue en brèche, ainsi qu'un mur d'enceinte.
Contre une armée entière elle restait sans crainte ;
Partout environnés de morts et de mourants,
Ces braves, à ce cri : — Soldats ! serrez les rangs !
Impassibles, muets, conservant leur audace,
Sans cesse se serraient et reprenaient leur place.

« Général, dit Désaix, c'est là qu'il faut tenir ;
A conserver ce point, si l'on peut parvenir,
Avant la fin du jour l'affaire est décidée. »
Bonaparte suivait Désaix dans son idée.
A ce sage conseil, sans paraître surpris,
Il sait, dans sa prudence, attacher tout son prix.
De son vaste regard la pénétrante vue,
Sur cette immense plaine alors s'est étendue.
Il a tout disposé ; la troupe de Victor,
Sous un feu meurtrier se soutenait encor.
Bonaparte replie et ramène, épuisée,
A l'ombre de son bras cette aile menacée ;
Sa garde, comme un mur, arrête en ce moment,
De nombreux escadrons l'immense mouvement.
Soit que les ennemis, voyant battre en retraite,
Veuillent d'un dernier coup hâter notre défaite,
Soit qu'ils sachent comprendre, à l'aspect des soldats
Dans un ordre parfait retournant sur leurs pas,
D'un admirable plan la savante harmonie,
Soudain sur un seul point leur masse réunie,
De mille bataillons offre les étendards ;
Leurs colosses d'airain grondent de toutes parts.
Mais vous ne craignez rien, ô braves de la garde :
« Tenons bon, disiez-vous, la France nous regarde ! »
Et de morts entourés, vos valeureuses mains
Firent, en ce moment, des efforts surhumains.

Comme un sombre volcan, tout couvert de fumée,
Vous vomissiez la mort sur cette immense armée.
En vain mille escadrons de hardis cavaliers
Viennent, en frémissant, presque jusqu'à vos pieds ;
En vain, en vain le fer, que lance avec furie
Ce monstre mugissant que guide le génie,
Vient porter la mitraille et la mort dans vos rangs ;
Vous remplaciez les morts, et le cri des mourants
Vous donnait une ardeur à l'ennemi fatale.
Ni la bombe en éclats, ni la sifflante balle
Ne peuvent vous troubler. Enfin, l'Autrichien
Voyant que ses efforts n'aboutissaient à rien,
S'éloigne fatigué. Le bruit du canon cesse,
Et, sortant tout-à-coup d'une fumée épaisse,
Le drapeau, salué des hourras les plus beaux,
Laisse flotter dans l'air ses sublimes lambeaux.
Cependant, de Mélas la formidable armée
S'en allait, fièrement, en colonne formée.
Désaix a tout prévu ; douze bouches à feu
Arrêtent tout-à-coup, par leur terrible jeu,
Du fier Autrichien la marche triomphante.
L'Autrichien, surpris de l'attaque présente,
S'arrête ; mais bientôt, en lion furieux,
On le voit s'élancer au-devant de ces feux....
Allons ! viens recueillir ta part de cette gloire,
Kellermann, et d'un coup achève la victoire.

Les nombreux escadrons s'élancent, frémissants,
Et, se ruant en masse, écrasent tous les rangs.
Sous le vent du désert, tels des sables arides
Roulent en tourbillons jusques aux Pyramides ;
Ou du fleuve écumeux, par la mer repoussé,
Tel le flot sur ses bords soudain s'est élancé.
Sur des morts entassés, tout écumant de rage,
L'Autrichien s'abat et fléchit sous l'orage.
Mélas, sur ses lauriers qui goûtait le sommeil,
Vainqueur en s'endormant, est captif au réveil !
Que le glas de la mort, ô cloches ébranlées,
Remplace tout-à-coup vos bruyantes volées !...
O géant de la force ! où vas-tu, maintenant,
Transporter de tes coups le spectacle étonnant ?
Ton superbe regard, comme sur une arène,
S'étend sur l'univers ; ta force souveraine,
Des plus fiers potentats, sous ton bras inclinés,
Voit les peuples en foule à tes pieds prosternés.
Aigle, reprends ton vol, et jusqu'aux murs de Vienne,
Que ton aile puissante en ces jours te soutienne !
Mais que vois-je ! Au milieu d'un triomphe si grand,
Du vainqueur, abattu, le regard languissant
Se voile sous les pleurs ! Et ce beau jour de fête
Le voit, sous la douleur, hélas, courber la tête !
La mort, à ses lauriers a mêlé son cyprès !...
Soldats, inclinez-vous, car il pleure Désaix !...

LIVRE HUITIÈME

Oh ! quel que soit ton nom, toi par qui l'harmonie,
Dans le langage humain, à la forme est unie,
Seconde mes efforts, viens plier à tes lois,
A tes tendres leçons, les écarts de ma voix ;
Larges et forts tableaux, sublimes métaphores,
Mots suaves, polis, harmonieux, sonores,
Puissent tous ces trésors, interprète divin,
Par tes soins complaisants, se trouver sous ma main.

I.

Bien bas est l'oreiller où sommeillent les morts ;
Quand donc fera-t-il jour sur leurs ténébreux bords ?

OSSIAN.

Muse, pourras-tu bien, sur ce champ de carnage,
Ferme, la lyre en main, conserver ton courage ?
Et ton pied délicat, dans sa marche trompé,
Tiendra-t-il sur ce sol par le sang humecté ?
Tes timides regards pourront-ils voir en face
Des cadavres hideux, gîsant de place en place ;
Et parfois une tête, en un dernier effort,
Se dressant et tombant sous la main de la mort ?
Timide tourterelle, oh ! crains-tu pas d'avance
De ces vastes tombeaux le terrible silence ?

Ton cœur, ô belle enfant, en face de la mort,
Ton cœur, ton jeune cœur sera-t-il assez fort ?
Quelle corde toucher sur la savante lyre ?
Faut-il, m'abandonnant au transport qui m'inspire,
Ainsi que le prophète, aller au lieu divin
Allumer mon génie aux feux d'un chérubin,
Et, porteur d'un flambeau dont la céleste flamme
Embrase de ses feux et pénètre mon âme,
Revenir sur la terre et réduire à la fois
Le glaive du vainqueur et le sceptre des rois ?
Faut-il peindre la mort, effroi de la nature,
Qui des plus beaux objets fait de la pourriture ?
O chantre de la mort, Job, poète sacré,
Qui sembles dans tes chants, de douleur enivré,
Que les gémissements que ton délire exhale,
Prêtent à mes accents leur horreur infernale,
Pour peindre le trépas, et d'un triste refrain,
Convier en ce jour les vers à leur festin !...
Mais non... Recouvrez-les, cachez-les dans leur tombe,
Ces corps devant lesquels malgré moi je succombe ;
Hâtez-vous, car déjà les crânes dépouillés,
Sont par la dent des loups avec bruit éraillés ;
Déjà j'entends broyer les membres que tourmente
De ces hôtes affreux la troupe dévorante ;
Déjà l'autour cruel et cent oiseaux divers,
Plongent leurs becs courbés dans des ventres oúverts !

O tombes, fermez-vous et recevez mes larmes !
O nobles mutilés, ô vous tous frères d'armes,
Dans un même triomphe ensemble ensevelis !
Soldats, au champ d'honneur par la mort anoblis,
Salut !... Nobles martyrs, allez en cette terre
Aux martyrs de la foi mêler votre poussière !...

.   .   .   .

La nuit, d'un voile sombre avait couvert le champ ;
Des troupes de soldats, parmi les morts, errant,
Seules troublaient, d'un pas à la lourde cadence,
De ces vastes tombeaux le tranquille silence.
Pâle, les yeux éteints, le front au sol baissé,
Montfort était assis sur un affût brisé.
« La guerre, disait-il en son âme oppressée,
La guerre ! et ce seul mot occupait sa pensée ;
La guerre, disait-il, et le sombre trépas !...
Et pourquoi ? Pour qu'un jour un homme, sous ses pas,
Rencontre dans ces champs une lame rouillée
Dont il se servira comme d'une coignée,
Sans penser que ce fer, dans une illustre main,
Peut-être du vainqueur assura le destin !...»

.   .   .   .

Bientôt, tous ces héros sur terre s'étendirent,
Et d'un profond sommeil, en peu de temps, dormirent.

Le sommeil de Montfort fut inquiet, affreux ;
Dieu sembla dévoiler l'avenir à ses yeux.
Il se dresse soudain, poitrine haletante,
Les cheveux en désordre; et, d'une voix tremblante,
De brusques mouvements le corps tout agité,
Il laisse ainsi parler son esprit exalté :

Le monde est sous sa main, comme un nid de fauvette;
Et comme l'oiseleur compte, laisse ou rejette
      Les œufs qu'il a trouvés,
Il compte les États, car il faut qu'il choisisse ;
Et les peuples par lui sont, suivant son caprice,
      Perdus ou conservés.

✻

Comme au souffle puissant des plus rudes tourmentes,
S'inclinent, en mêlant leurs feuilles murmurantes,
      De fragiles roseaux,
S'inclinent sous sa main, tendres et faibles herbes,
Des peuples tout entiers, dont les princes superbes
      Deviennent ses vassaux.

★

Marche, jeune héros, j'entends crouler les trônes ;
Je vois du front des rois s'effacer les couronnes
    Sous ta puissante main.

Marche... mais (telles sont, hélas, nos destinées !)
La pourpre te dérobe, en ces belles journées,
    Les vers du lendemain.

★

Que sont-ils devenus ces guerriers intrépides,
Semblables aux coursiers impétueux, rapides,
    Que ne tient aucun frein ?

Ils marchaient en avant, et, porteurs du tonnerre,
Indomptables géants, faisaient trembler la terre,
    Sous leurs talons d'airain.

★

J'aperçois des lambeaux qui pendent aux broussailles
Et des loups dévorants qui fouillent les entrailles
        De cadavres gîsants ;

Des crânes dépouillés, des chairs toutes sanglantes,
Et, contre ces débris, de bêtes effrayantes
        J'entends crier les dents.

★

Mourir ! C'est singulier que cette vieille antienne
Partout, à tout instant, à l'oreille nous vienne
        Comme un chant de hiboux.

Pour vaincus, pour vainqueurs, la sentence est la même,
Que votre bouche achève ou prière ou blasphême,
        Mortels, abattez-vous.

★

Un os n'est plus qu'un os ; et savant ou profane,
Vassal ou conquérant, un crâne n'est qu'un crâne,
Une main qu'une main !

Qu'importe que ce crâne ait porté la couronne,
Et que sous cette main que la chair abandonne,
Tremblât le genre humain ?

★

De leur ancien état, il n'est plus de vestige,
Ce sont des ossements !... Où donc est le prestige ?
Tout s'est évanoui !

Demandez au passant :— Là, dans tout cet ensemble,
Connaissez-vous quelqu'un ? Dites, que vous en semble ?
Il ne dira pas oui.

★

Cent ans, mille ans et puis dix mille encor peut-être,
Le monde en peut parler; mais après tout qu'est-ce être
        Qu'être par souvenir ?

Le monde en parlera, c'est bien ; mais de leurs âmes,
D'eux, qu'en sera-t-il fait?..Vraiment c'est trop de flammes
        Quand le feu doit finir.

★

Qui donc ose venir sur ce champ de carnage ?
Dieu ! je le reconnais ! sombre comme l'orage,
        Il s'avance sans bruit.

Dans son esprit chagrin flottent mille pensées ;
Il passe, et sur son front semblent être abaissées
        Les ombres de la nuit.

★

Voile ton doux regard sous un fleuve de larmes,
Fille de l'Occident ! Tes cruelles alarmes
    Dureront plus d'un jour.

Sèche dans ta douleur ; sans que rien ne l'éveille,
Plus d'une fois encor tu prêteras l'oreille,
    Attendant son retour.

★

Attendant son retour ! Dans ta folle espérance
On te verra souvent, pour tromper la souffrance,
    Regarder vers le Nord ;

Jusqu'à ce qu'à la fin ta tête, soulevée,
Retombe dans tes mains, livide, inanimée,
    Au triste nom d'un mort !

★

Allons, faites du bruit, ô puissances du monde !
Que de ses flots brillants la gloire vous inonde !...
Après des jours si beaux,

Que reste-t-il de vous ?... Une feuille vous couvre,
Un enfant, dans sa main, renferme votre poudre
Et pèse le héros !

★

Roule, roule torrent, du haut de la montagne ;
Que ton cours orageux, ravageant la campagne,
Y porte la terreur !

Un jour viendra pourtant, où, recherchant ta trace,
L'écrivain, en parlant de ton ancienne place,
Se croira dans l'erreur.

★

Un sommeil éternel pèse sur sa paupière ;
Et sa bouche éloquente à jamais doit se taire
Sous la main du trépas.

Remplis tout l'univers du bruit de son armée,
Malgré tous tes efforts, ta voix, ô Renommée,
Ne l'éveillera pas !

✳

Où fuyez-vous ainsi, fantômes demi-nus,
Femmes aux yeux hagards, hommes aux fronts chenus,
Dites, où fuyez-vous ?

Pourquoi tout ce fracas et ces amas de pierres ?
Et dans ces tristes lieux, immenses cimetières,
Dites, qu'entassez-vous ?...

★

Des cadavres encor, des mères désolées !
Par un affreux tocsin les cloches ébranlées,
        Et les habits de deuil !

La mort ! toujours la mort ! ô Dieu, quand ta colère,
Aura-t-elle cessé de promener sur terre
        Le lugubre cercueil ?...

.   .   .   .

Lorsque l'aube blanchit, la trompette sonore
Annonçant à grand bruit le retour de l'aurore,
L'esprit encor troublé de ses songes affreux,
Montfort quitte sa tente et montre à tous les yeux
Un front où la tristesse abaisse son nuage.
On s'occupait alors d'un important message ;
Des officiers d'élite et deux mille soldats
Devaient au Saint-Bernard porter encor leurs pas,
Et, gagnant les abords de l'humble monastère,
Préparer de Désaix l'asile mortuaire.

Montfort, accompagné de fidèles amis,
Dans cette brave troupe aisément fut admis.
A huit heures de marche, une étape fixée
Promettait le repos à la troupe lassée.
Là, Montfort et les siens, s'arrêtant quinze jours,
Devaient de ce pays relever le parcours.

Dans l'un de ces vallons que les Alpes brumeuses
Renferment comme autant de retraites heureuses,
Au milieu des frimas, au sein de ces déserts,
Paradis oubliés, de verdure couverts,
Sur le joli versant d'une douce colline
Se dressait d'un chalet la forme svelte et fine ;
La brune Thérésa, sur les tendres gazons
Assise, s'occupait à filer ses toisons,
Et ses doigts délicats tiraient la blanche laine
En fils si déliés que la plus faible haleine

Les faisait voltiger et flotter dans les airs.
Pour calmer son enfant, des plus jolis concerts,
Sa voix douce et sonore avait la gentillesse ;
En mille doux baisers s'exhalait sa tendresse,
Quand les petites mains, quelquefois dans leurs jeux,
Sous son œil souriant agaçaient ses cheveux.
Soudain, des plus doux sons la note harmonieuse
Suspendit les travaux de Thérésa joyeuse,
Qui du père Marcel reconnaissant la voix,
S'apprête à recevoir ce vieil hôte des bois ;
C'était son seul ami. Sa stature élevée,
Son beau front découvert, sa mine distinguée
Et sa barbe en longs flots de neige, descendant
Sur sa large poitrine, un regard émouvant,
Une démarche lente et pleine de noblesse,
Lui donnaient tout l'éclat d'une belle vieillesse.
Thérésa le voyait s'avancer à pas lents,
Et vers elle arrivaient ces langoureux accents :

Monte, blanche colombe, à la blanche nuée,
Etale en doux flocons ton aile déployée
    Dans ton vol gracieux.
Monte, monte toujours, divine messagère,
On dirait, à te voir, une vapeur légère
    Qui monte vers les cieux.

✶

Monte, fille du ciel, innocente et volage,
Va mêler ton éclat à l'éclat du nuage,
    Et disparais soudain ;

Comme on voit s'élever, légère, éblouissante,
Et se fondre au milieu de la nue éclatante,
    La vapeur du matin.

✶

Mais pourquoi ma colombe est-elle revenue ?
Pourquoi vient-elle ainsi décrire sous la nue
    Un rapide détour ?

Elle fuit ! mais en vain ! Sa robe ensanglantée
Se déchire, et sur elle, implacable est posée
    La serre du vautour !

Ainsi chantait Marcel ; près de la jeune femme,
Il parut un instant recueillir en son âme,
Penché sur son bâton, muet, sans s'avancer,
Les mots délicieux qu'il allait prononcer.
Enfin il s'écria :. « Fille de la montagne,
Heureux, heureux celui, dont, fidèle compagne,
Dans le calme profond de ce charmant séjour,
Tu sais par mille soins entretenir l'amour !...»
La belle Thérésa l'écoutait rougissante.
Quand le vieillard se tut, d'une voix caressante :
« Mon père, lui dit-elle, asseyez-vous ici ;
Un fruit délicieux, entre mille choisi,
Et le lait écumeux qu'une riche mamelle
Laisse couler à flots dans la blanche écuelle,
Vous seront, par mes soins, en ces lieux apportés. »
Le vieux Marcel s'assit, posant à ses côtés
Le bâton, de ses ans auxiliaire utile,
Et le vieux feutre usé, dont sa tête sénile
Aimait à s'ombrager, laissant au gré des vents,
Sous ses bords élargis, flotter ses cheveux blancs.
Thérésa, devant lui, joyeuse et diligente,
Sur les tendres gazons où brillait l'amaranthe,
De la saison nouvelle étale les doux fruits.
« Souverain créateur, ô toi qui nous conduis,
O Dieu, disait Marcel, fais qu'un destin prospère
Accompagne les pas de cette jeune mère !...»

Ainsi parlait Marcel, et son œil caressant
Allait avec amour de la mère à l'enfant.
Son repas terminé, d'une voix faible et tendre,
Comme si ce bon père eut craint de se méprendre :
« Ma Thérésa, dit-il, à votre air inquiet,
Je crois qu'en votre cœur règne un trouble secret ;
Je vois, ma belle enfant, sur votre doux visage,
S'abaisser aujourd'hui comme un épais nuage ;
Faut-il, pour dissiper ces passagers ennuis,
Que des temps reculés j'emprunte les récits ?
Par les inventions de la fable païenne,
Faut-il que ma parole attentive vous tienne ;
Et, par un choix heureux de mensonges brillants,
Chasse de votre esprit des pensers effrayants ?
Vous peindrai-je Arachné, de son art trop éprise,
Par la fière Pallas, que son orgueil méprise,
Condamnée à filer, insecte repoussant,
Des réseaux délicats que dissipe le vent ?
Dirai-je Phaéton, dans la vaste atmosphère,
Égarant follement le char de la Lumière ?
Ou bien du doux Narcisse, enfant aux traits charmants,
Vais-je ici déplorer l'amour et les tourments ?... »
Pensive, Thérésa l'écoutait en silence :
« Mon père, lui dit-elle, excusez-moi d'avance ;
Un rêve surprenant, sans doute mensonger,
Dans un étrange trouble est venu m'engager.

D'une tête légère excusez la folie,
C'est sans doute une erreur... Fille de l'Italie,
Vous savez que souvent, admirant les Césars,
Vers mes nobles aïeux j'ai tourné mes regards,
Regrettant, mais en vain, la misère profonde
Qui pèse maintenant sur la reine du monde.
Peut-être à mon esprit, trop plein de tels pensers,
En rêve ces objets ont été retracés...
Pour moi, ce songe est-il une fiction pure ?
Mon trouble est-il l'effet d'une faible nature ?
Ou bien le sens caché d'un prochain avenir,
Par ce nouveau moyen me doit-il parvenir ?...
Je l'ignore ; au surplus, vous jugerez vous-même.
Ma minerve s'y perd ; pour moi c'est un problème :
« Dans une immense plaine et parmi des tombeaux,
Sans force, décharnés, tout jeunes, deux jumeaux
Tristement gémissaient, d'une lèvre amaigrie,
D'une louve pressant la mamelle flétrie ;
Le féroce animal aux regards effrayants,
Léchait avec ardeur ces deux êtres souffrants ;
Tout-à-coup, dans les airs un bruit se fait entendre,
Une aigle devant moi qui se montre vient prendre
Ces deux pauvres enfants que, par les champs de l'air,
Tout droit au Capitole elle s'en va placer.
Je regardais toujours, admirant la puissance
Qui de ces deux jumeaux, minés par la souffrance,

Semblait avoir soudain renouvelé les traits.
Voyez comme en rêvant se changent les objets :
D'une profonde nuit le voile triste et sombre,
Sur la terre aussitôt vient étendre son ombre ;
Ensemble conjurés, les plus noirs ouragans
Se déchaînent alors, et la foudre et les vents
Dans ce terrible accès d'un trouble extraordinaire,
S'ajoutent aux horreurs d'un tremblement de terre.
Je tâchai de marcher ; mais faibles, chancelants,
Mes pieds en cet instant heurtent des ossements.
En tombant sur le sol, je perdis connaissance ;
Quand je revins à moi, le calme et le silence
Avaient de l'ouragan remplacé la fureur.
Un lac où les rayons de l'astre bienfaiteur
Allumaient de l'argent la brillante étincelle,
Berçait avec amour une blanche nacelle
Par deux cygnes traînée et sur l'onde glissant,
Dans la barque dormait un jeune et bel enfant.
Mes yeux, avec amour, de la barque élégante
Suivaient, suivaient toujours la course nonchalante ;
Le sommeil sur l'enfant versait ses doux pavots,
Et son ange gardien des rêves les plus beaux,
Sans doute en cet instant, d'une main complaisante,
Offrait au bel enfant l'image souriante.
O surprise ! à mes yeux un messager du ciel
S'incline tout-à-coup sur ce beau front vermeil.

De la céleste flamme un rayon l'environne ;
Il porte dans sa main une riche couronne
Que sur ce nid flottant il pose doucement ;
Et donnant un baiser à ce royal enfant,
Vers sa belle patrie aussitôt il s'envole.
Ensuite qu'ai-je vu ?... C'est étrange, c'est drôle,
Après ce doux tableau, soit hasard, soit destin,
D'un funèbre convoi l'image vint soudain,
Par son triste cortège affliger ma pensée.
Une femme au cercueil, en habits blancs posée.....
Que portaient lentement quatre religieux,
Ensemble cheminant, mornes, silencieux ;
Et derrière... un jeune homme accablé de tristesse....
Et puis tout disparut... Du songe qui m'oppresse,
Pourriez-vous, ô mon père, ici trouver le sens,
Et ramener enfin le calme dans mes sens ?...»
Marcel était bien homme à traiter de mensonges
Ce qu'aux faibles esprits peuvent dire les songes ;
Toutefois, malgré lui, sur ces tableaux divers,
Où semblaient se confondre et succès et revers,
Il s'arrêtait pensif, de l'avenir du monde
Croyant ici saisir l'expression profonde ;
L'Italien joyeux en face du Français...
Et cette nation, apôtre du progrès,
Sous la main d'un grand homme avançant vers la gloire,
Lui jetaient bien un jour sur cette étrange histoire ;

Mais il n'osait encor, sage dans ses conseils,
Donner un sens précis à des tableaux pareils,
Et longtemps, sérieux, il garda le silence.
Tout-à-coup Thérésa, pâle, vers lui s'élance :
« Les Français !... lui dit-elle, et tremblante d'émoi :
Mon père, jusqu'au soir, demeurez avec moi.
— Les Français ! dit Marcel. (A cette douce image,
Du vieillard tout-à-coup s'anima le visage).
Calmez-vous, Thérésa, pour nous ne craignez rien ;
Ils sont les bienvenus, leur langage est le mien.
Mon Dieu ! soyez béni ! Je vais revoir encore
Ces aimables enfants d'un pays que j'adore ;
Je vais parler ma langue et retrouver des mots
Qui pour mon pauvre cœur seront comme un repos !»
Alors il s'avança; mais la troupe, à sa vue,
A quelques pas de lui s'arrête tout émue.
Sa démarche si noble et ses beaux cheveux blancs,
Les yeux de Thérésa, tristes et languissants,
D'un sublime respect viennent saisir leurs âmes.
Montfort ne savait plus se troubler pour les femmes,
Mais ce groupe si beau, malgré lui l'attachait.
Quant à son commandant, d'un air tout stupéfait
Et d'un regard avide, où la flamme étincelle,
Il dévore les traits d'une femme si belle.
Enfin le vieux Marcel leur adresse ces mots :
« Venez-vous en ces lieux prendre un peu de repos ?

Soyez les bienvenus, la France nous est chère,
Et, bien que vous soyez sur la terre étrangère,
Il est ici des cœurs qui palpitent pour vous...»
« Morbleu ! mon cher Montfort, ce langage est bien doux,
Lui dit son commandant ; que ma bonne fortune
En tire autant du cœur de cette belle brune,
Et je ne maudis plus ces arides sentiers
Qui m'ont, pendant trois jours, assassiné les pieds !..
— Tais-toi, lui dit Montfort, ta tête est toujours folle;
Cherche plutôt ici quelque douce parole
Qui soit digne, vraiment, de l'hospitalité
Que l'on vient nous offrir avec tant de bonté. »
Alors le jeune chef à remercier s'empresse ;
Quand on eut échangé les mots de politesse,
Les soldats fatigués, attendant le repas,
Dormirent sur le sol ; leur chef ne dormit pas.
Car il couvait des yeux la belle Italienne.
Lorsqu'on se réveilla : « Fi ! de vertu chrétienne,
Dit-il à son ami, moi qui n'ai vu le jour
Que pour souffrir, hélas, les tourments de l'amour,
Je veillais! tu ronflais, et la brune sauvage
D'un regard amoureux contemplait ton visage !
Et tu n'as pas encor daigné la regarder !...»
Thérésa devant eux venait de s'arrêter.
Sur sa main reposait une lourde gamelle.
Où, de la basse-cour, la reine la plus belle

Flottait à gros bouillons, exhalant une odeur
Qui du jeune amoureux fit taire alors le cœur.
Cependant, mille fois trahissant sa tendresse,
Thérésa se troublait ; et son regard sans cesse
Allait, plein de langueur, sur Montfort s'attacher.
Montfort s'en aperçut ; craignant de s'engager,
Il évite partout, à son devoir fidèle,
La moindre occasion de rencontrer là belle.
Comme il doit quelque temps habiter ce séjour.
Voulant fermer son cœur à ce coupable amour,
Il suit le vieux Marcel au sein de la campagne,
Ou lui prête son bras pour gravir la montagne.
De ce sage vieillard, calme et sans passions,
Docile il écoutait les sévères leçons.
Croyant sur toute femme avoir quelqu'avantage,
Le débauché toujours, d'un cœur vain et volage,
Au-devant d'un amour qu'il ne sentira pas,
Pour flatter son orgueil précipite ses pas.
Le jeune homme, au contraire, ami de la sagesse
Ou fidèle en son cœur à sa belle maîtresse,
En face d'une femme, étranger au désir,
Ne sait ni se troubler ni pousser un soupir.
Son âme, pour rêver, cherche la solitude,
Elle aime du vieillard la douce quiétude
Et les bonnes leçons qui calment les esprits.
Aussi du bon Marcel, Montfort s'était épris...

III.

En entendant Montfort accuser la fortune :
« Pour un si jeune cœur la plainte est opportune,
Lui répétait Marcel, d'un ton plein de bonté ;
Plus que vous cependant le destin m'a frappé...»
Montfort au bon Marcel fit souvent quelqu'instance
Pour connaître de lui le lieu de sa naissance.
En mainte question éclatait son ardeur.
Le vieillard répondait d'un ton plein de douceur ;
Mais laissait sur ce point la réponse indécise.
Quand son opinion à la fin fut précise

Sur le cœur excellent du jeune lieutenant,
Il le mène à l'écart, et là se recueillant :
« Bien qu'en te racontant ma vie et ma misère,
Pour moi je renouvelle une douleur amère,
Tu sauras, ô mon fils, en quel lieu je suis né,
Lui dit Marcel ; comment, à souffrir condamné
Sur cette terre hélas, mère de l'infortune,
D'une fatale vie à moi-même importune,
Abreuvé de dégoûts, accablé de mépris,
Jusqu'à ce jour enfin j'ai traîné les ennuis.
Si dans tout ce récit parfois une faiblesse,
Source impure où mon cœur s'abreuve de tristesse,
Sur les sombres détails d'un malheureux amour,
Venait, ô mon cher fils, jeter son triste jour ;
Songe que le coupable a, d'un sort inflexible,
Ici pendant trente ans, seul, proscrit, sans asile,
Pour quelques jours d'erreur supporté les tourments ;
Qu'il est là devant toi, vieillard à cheveux blancs,
Triste et faible débris que Dieu, dans cet orage,
Pour l'exemple, sans doute, a tiré du naufrage !

. . . .

Je naquis sur ces bords où sont ces vieilles tours
Que réfléchit la Seine en son tranquille cours.
Ma mère !... ah que ce nom, ranimant ma tendresse,
Sait encor dans mon cœur, glacé par la vieillesse,

Réveiller en ce jour des souvenirs bien doux !
Car le fatal destin, dont j'ai senti les coups,
Sous l'affreuse misère, au milieu de mes larmes,
N'a pu d'un nom si doux que rehausser les charmes !..
La voix du bon Marcel tremblait en cet instant,
Ses yeux étaient en pleurs, et bientôt sanglotant,
Il s'interrompt... Enfin, reprenant son histoire :
Ma mère, poursuit-il, de pieuse mémoire,
Désirant ardemment que son fils bien-aimé,
A languir inconnu ne fut pas condamné,
Rêvant, folle d'amour, ce que peut une mère,
Pour son enfant chéri rêver sur cette terre,
Sous des maîtres nombreux, dès mes plus jeunes ans,
M'avait fait acquérir de précieux talents.
J'étais bien jeune encor, et des auteurs classiques
Déjà je connaissais les écrits poétiques,
J'en goûtais les beautés, et même mes essais
A mes maîtres surpris présageaient mes succès.
Des antiques auteurs la sublime lumière
Secondant mes efforts dans l'immense carrière
Où les portait l'essor d'un vol majestueux,
Au sein de l'infini je voguais avec eux.
Dans ces lieux élevés, au-dessus des tourmentes,
Mon être dégagé des passions ardentes,
Dans la tranquille paix d'un céleste repos,
Ignorait d'ici-bas le pénible chaos.

Esprit contemplateur, dans la douce prière,
J'atteignis de la foi l'ineffable mystère,
Et bientôt en mon cœur croyant entendre Dieu,
Je vins, jeune lévite, habiter le saint lieu.
Je n'oublirai jamais, ô doux et simple asile,
Ce temps, cet heureux temps où mon âme docile,
Vierge encor de l'erreur, à l'ombre de l'autel,
Comme un vase sans tache aux mains de l'éternel,
Au milieu des concerts d'une sainte harmonie,
Heureuse se baignait aux sources de la vie !...
Je sortis de ces lieux, car hélas, incertains,
Aux champs de l'avenir s'égaraient mes desseins.
La science m'ouvrit les portes de l'enceinte
Où l'on vient se lier à la Faculté sainte.
Soit fierté, soit plutôt quelque secret instinct,
Le sexe, de mon cœur n'avait que le dédain ;
Mais admire, ô mon fils, le destin qui nous presse,
Et connais des humains l'incroyable faiblesse ;
Pendant que dans mon cœur, fier de sa liberté,
Je blâmais des amants la folle vanité,
Pour punir mon orgueil, dans sa haute justice,
Dieu préparait déjà ma honte et mon supplice...
Un jour... hélas ! je sens que ce seul souvenir
Sans remuer mon cœur ne peut me revenir...
Un jour je me trouvais, allant voir un malade,
Dans des lieux ombragés, charmante promenade,

Où venaient le dimanche, et filles et garçons,
Au milieu des éclats de bruyantes chansons,
S'ébattre, et se mêlant, se livrer en cadence
Aux brusques mouvements d'une grossière danse.
Tout-à-coup part un cri. Je regarde et je voi
Un cheval qui fuyait à quelques pas de moi,
Entraînant avec lui, dans sa course pressée,
Une jeune personne à terre renversée.
Je m'élance aussitôt ; j'arrête le coursier
Et de ses flancs poudreux j'arrache l'étrier
Qui retenait le pied de la belle inconnue ;
Pâle, sans mouvement, telle alors à ma vue,
Vint s'offrir la beauté cause de mes revers.
Ses habits, en lambeaux, de sang étaient couverts ;
L'albâtre le plus pur le cède à ce visage
Où semblait de la mort s'abaisser le nuage.
Pour lui rendre la vie, oh ! dans mon pauvre cœur,
Déjà, déjà sans doute, une secrète ardeur
Des ressources de l'art excita la puissance,
Car je la vis bientôt reprendre connaissance...
Dans mes bras vigoureux, fiers d'un si doux fardeau,
Seul je la transportai jusques à son château.
Les soins de chaque jour accrurent ma tendresse ;
Dormant, je la voyais, image enchanteresse,
De sa charmante main me jetant une fleur :
Le jour, on me trouvait tout pensif et rêveur...

Lucile, à mon amour, ne fut point insensible ;
Quoique l'hymen, d'abord, me parut impossible.
Je voulus toutefois, guidé par le devoir,
De l'honneur, sur le père, essayer le pouvoir.
Quoique bien jeune encor, Lucile était sans mère !
Une mère à mes vœux eut été moins sévère.
Mais au vieux gentilhomme, un modeste garçon
Sans renom, sans fortune et surtout sans blason,
Qui venait franchement lui demander sa fille,
Paraissait un affront pour sa noble famille.
A l'entendre il semblait que, sortant du tombeau,
Et d'un si fol hymen maudissant le flambeau,
Tous ses nobles aïeux, de race antique et fière,
Dussent, pour le punir, ranimer leur poussière !...
Je fus donc brusquement, par le père, éconduit.
Humilié, confus, au désespoir réduit,
J'allai chez moi cacher et ma honte et mes larmes ;
L'existence, pour moi, n'offrant plus aucuns charmes,
Par une prompte mort, en ces jours de douleur,
Vingt fois je résolus de finir mon malheur,
Et vingt fois j'hésitai, craignant que sur ma tête,
Des célestes fureurs n'éclatât la tempête.
Lucile dut soudain, s'éloignant du pays,
Sous des yeux vigilants, aller vivre à Paris ;
Tout d'abord au couvent avait songé son père,
Mais revenant bientôt d'une prompte colère,

Au fils d'un vieil ami, pour tout mieux pallier.
Il crut qu'il la pourrait aisément marier.
L'amour, des inventeurs, est bien le plus habile,
Et tu vas voir comment je pus revoir Lucile.
Sûr d'avance que l'or peut tout faire plier,
J'essayai ses effets sur le cœur du portier.
Il avait pour épouse une habile commère,
Qui me mit en rapport avec la chambrière.
Elle aussi fut sensible au métal précieux.
Quel heureux temps pour moi !.. D'un pas silencieux,
Je gagnais un bosquet où la belle Lucile,
A mes secrets avis attentive et docile,
Dans un réduit charmant m'attendait chaque soir !
O la jolie enfant !... Je crois encor la voir !...
Ces larmes du matin, qu'humide et demi-close,
En mille diamants laisse briller la rose,
Quand sa tendre corolle, au moment du réveil,
S'entr'ouvre tout-à-coup aux rayons du soleil,
N'ont point la pureté de ces perles brillantes
Que laissaient admirer ses lèvres souriantes.
Mais mon bonheur, hélas ! ne dura qu'un instant !
Lucile, dont l'état était inquiétant,
(Car, hélas, elle avait des signes de grossesse).
Par ses larmes, un jour, m'accabla de tristesse.
Je voulus l'enlever ; mais des avis secrets
De cette évasion trahirent les apprêts :

On nous avait vendus, et je dus, par prudence,
De mon cœur inquiet malgré l'impatience,
Me tenir quelque temps loin de cette maison.
Cet excès de malheur égara ma raison.
Des amis dévoués longtemps me surveillèrent ;
Mais un jour, près de moi, les gardiens s'oublièrent.
(D'ailleurs cette folie où mon sens s'égarait
N'était que de mon cœur le pénible regret).
Je pus donc m'échapper ; ô fatale imprudence !
Je tombai dans le lacs tendu par la vengeance !...
Portant de tous côtés un œil morne et distrait,
Je marchais où la route au hasard me portait ;
Une vieille au teint jaune, à la voix suppliante,
(Je la pris tout d'abord pour une mendiante)
S'approche, et pour tromper mon cœur trop imprudent,
Me glisse ces trois mots : « Lucile vous attend. »
Je la suis. Nous entrons dans une rue obscure,
Où tout autre que moi, soupçonnant l'imposture, .
N'eût jamais, seul au moins, par crainte du trépas,
De cette sale vieille accompagné les pas.
Pendant que j'accusais, songeant à mon amante,
L'insupportable ennui d'une marche trop lente,
Cinq hommes dans un coin, qui s'étaient embusqués,
Les armes à la main et visages masqués,
S'élancent tout-à-coup ensemble dans la rue.
Je cédai sous l'effort d'une attaque imprévue ;

Les membres garrottés, captif et bâillonné,
Je fus, loin de Paris, en voiture entraîné.
Un semblable mystère égarait ma pensée ;
La chaise à fond de train semblait être lancée,
Et lorsqu'on s'arrêta, bien loin était Paris.
Mes yeux sur mes bourreaux, fiers et pleins de mépris,
S'arrêtèrent alors, cherchant à les connaître.
Masqués, silencieux, ne laissant rien paraître,
Ces sbires inconnus, terribles conjurés,
En cercle se tenaient autour de moi serrés.
On me couvrit d'un voile, et puis une civière
Me reçut comme un mort qu'on porte au cimetière.
L'air devenu plus frais, par un étroit chemin,
Mes porteurs, aux sentiers d'un raboteux ravin,
D'un pas faible et peu sûr, et presque hors d'haleine,
Paraissant s'engager et marchant avec peine,
L'écho retentissant et maint étroit détour,
Me firent soupçonner un ténébreux séjour.
A la fin on arrive à l'endroit qui, sans doute,
Était le but fatal de cette longue route.
Je me recommandai, m'attendant à la mort,
A celui dont la main seule tenait mon sort.
On enlève le drap qui couvrait mon visage ;
Lorsqu'ainsi de mes yeux j'eus recouvré l'usage,
Juge de ma stupeur : les pistolets braqués,
Douze hommes se tenaient autour de moi, masqués.

Les torches envoyaient aux murs de la caverne,
Leur lumière fumeuse, au reflet pâle et terne.
Prince de cet enfer, près d'un large rideau,
Véritable fantôme avec son noir manteau.
Sombre comme un bourreau porteur d'une sentence,
Se dressait le treizième. Il rompit le silence :
— Lève-toi, me dit-il, et viens auprès de moi,
Tu vas savoir bientôt ce qu'on fera de toi.
Regarde !... Et sur-le-champ il découvre à ma vue,
Sur un triste grabat, une femme étendue.
Un masque la couvrait ; en ordre disposés,
On voyait des couteaux sur la table placés,
Du linge et ces objets que rendent nécessaires
D'une opération les apprêts ordinaires.
Tu vas, me dit le monstre, entends-tu, sous mes yeux,
Opérer cette femme et faire de ton mieux.
De sa brutale main alors qui la découvre,
Il m'indique le ventre, et le monstre dit :— Ouvre !...
La victime, à ce mot, faiblement tressaillit ;
Au comble de l'horreur, ma raison défaillit.
Oubliant où j'étais et bravant tout supplice :
— Crois-tu, vil assassin, me rendre ton complice,
Lui dis-je hors de moi ; non, la crainte, jamais,
Ne saurait me contraindre au plus noir des forfaits.
— Eh bien ! tant pis, dit-il, et sa main détestable,
Pour saisir l'instrument, s'étendait vers la table.

Voyant qu'il s'apprêtait, tranquille et froidement,
Dans sa fatale main à prendre l'instrument,
Je m'élance soudain, dans ma pensée intime,
Espérant que le ciel m'épargnera ce crime.
—Je suis prêt, commandez, lui dis-je; et sur-le-champ,
Il me met dans la main le terrible tranchant.
Te dirai-je, ô mon fils, de quelle horrible étreinte
Mon âme, à ce forfait, par la force contrainte,
Dans ce fatal instant se sentit accabler ?
Malgré tout mon désir, ma main pouvait trembler !...
Cette seule pensée effrayait plus mon âme
Que des glaives tirés l'étincelante flamme.
Trois fois je m'avançai pour porter le couteau ;
Trois fois, malgré les cris du farouche bourreau,
Je faiblis sous l'horreur d'une tâche pareille ;
Un affreux jurement vint frapper mon oreille.
Alors je m'avançai ; mais tremblante d'émoi,
Ma main, ma pauvre main, s'égara malgré moi.
Je pus sauver l'enfant ; mais, ô douleur amère !
Par une triste erreur, j'assassinai la mère !...
La frêle créature, enlevée au trépas,
Sembla chez les bourreaux causer quelqu'embarras ;
Mais leur indigne chef, tout-à-coup se ravise :
— Peste, s'écria-t-il, quelle sotte méprise !
Cette enfant doit grandir et vivre sous mes yeux !
C'est un titre pour moi, vraiment bien précieux...

Pauvre petite fille ! au milieu des alarmes,
Tu reçus de Marcel le baptême des larmes !...
Je pleurais ; et pourtant de mon sort j'ignorais,
Oui j'ignorais encor les plus sombres arrêts.
Excuse, ô mon cher fils, la douleur qui m'oppresse !
Je suspends malgré moi, vaincu par la faiblesse,
Les horribles détails de ce triste récit... »
Le vieillard sanglotait ; enfin il réussit
A reprendre le cours de cette sombre histoire.
Ce n'est pas que les faits eussent fui sa mémoire,
Mais le cœur lui manquait : « Peins-toi, dit-il, ami,
Celle qui sut t'aimer, et jamais à demi,
Immobile, sans voix, et dans son sang baignée ;
Toi-même trébuchant sur la terre souillée,
Et pour mettre le comble à cette sombre horreur,
De ta fidèle amie assassin par erreur,
Te maudissant toi-même !... Oh ! le crime lui-même,
Ne pâlit point ainsi sous le sombre anathème !...
C'est ce qui m'arriva... L'on m'avait attaché
Pour que jusqu'à la fin, goutte à goutte épanché,
Le sang, d'un triste bruit, vint frapper mon oreille.
Du bourreau, tout-à-coup, la sombre voix m'éveille :
— Tourne ici tes regards, me dit-il ; et soudain
Du masque de la morte écartant le satin :
Eh bien ! reconnais-tu la charmante Lucile ?...
Je demeurai sans voix, regard fixe, immobile.

Quand je revins à moi, j'entendis ces bandits
Qui d'un objet charmant semblaient vanter le prix.
Admire, ô mon cher fils, jusqu'où va la bassesse!
Ils louaient d'un cercueil la forme et la richesse :
— Oh ! le beau bois d'ébène où s'incruste l'émail !
Répétaient-ils sans cesse ; oh ! le joli travail !...
Leur chef poussant à bout cette horrible torture,
Caressait du cercueil l'élégante bordure,
Faisant de cet ouvrage un éloge flatteur ;
Puis s'adressant à moi : — Çà, notre opérateur,
Dit-il, il faut ici, pour un devoir suprême,
Sans rien dissimuler, vous prononcer vous-même.
Eh bien ! dans ce travail tout est-il bien soigné ?
N'y trouveriez-vous pas un détail oublié ?
Car je veux, jusqu'au bout, à la belle baronne,
Laisser, même en ces lieux, son rang et sa couronne.
Puis, jetant sur la morte un regard : — Elle dort,
Reprit-il, car jamais, sous la main de la mort,
Visage n'a paru si doux et si tranquille.
Il applique la main sur le front de Lucile :
— Froide comme la glace ! Elle est morte, vraiment !
Tout est fini, Messieurs !... Quant à ce garnement
(C'est de moi qu'il parlait), il va quitter la France ;
S'il ose désormais affronter ma présence,
Il sait, pour le punir, que j'ai là cette enfant,
Qui m'est de cet arrêt un fidèle garant...

Pour moi ces derniers mots, qui s'adressaient au père.
Fixèrent de mes jours l'exil et la misère...
—Quelle horreur ! dit Montfort, et sur le bon vieillard,
Plein de compassion s'arrêtait son regard.
Marcel, anéanti dans sa triste pensée,
Semblait sentir encor sa misère passée.
Enfin il se leva : — Mon fils, pardonne-moi
Si j'ai, sous le chagrin, trop faibli devant toi ;
Mais ce récit, dit-il, me fatigue et me navre,
Je crois, en le faisant, voir encor le cadavre !
Allons, oublions tout. » Cela dit, d'une main
Il saisit son bâton et se met en chemin.

. . . .

La lune sur ces lieux épanchait sa lumière ;
Excepté Thérésa, tout reposait sur terre.
Hélas ! l'infortunée était blessée au cœur !
Dans ses veines, déjà, circule un feu rongeur ;
Sans cesse de Montfort, en douce et belle image,
A son esprit troublé se montre le visage.
Maintes fois on la vit, seule, au milieu des champs,
Les cheveux en désordre et les pieds trébuchants,
S'arrêter en chemin et demeurer pensive,
Comme si, tout-à-coup, une brise plaintive
Dont le souffle léger, glissant au sein des bois.
Venait de ses aïeux lui soupirer la voix.

Pauvre blanche colombe, emportant avec elle
Le fer empoisonné, d'une flèche cruelle,
Elle égarait partout ses pas et son tourment.
Que de fois, recherchant un entretien charmant,
Elle vint à Montfort pour un motif futile,
Demander sur la France un détail inutile ?
Montfort lui répondait d'un air insoucieux.
Elle, semblant attendre un regard de ses yeux,
Tout entière à sa voix et comme suspendue
A ses lèvres, restait silencieuse, émue.
Lorsque l'astre des nuits, de ses pâles rayons,
Éclairait faiblement les humides vallons,
Quand le plus doux sommeil enchaînait tout sur terre,
L'esprit tout inquiet, au repos étrangère,
Thérésa, dans son lit, auprès de son époux,
O vertueux Montfort, songeait encore à vous !
Parfois au bon Marcel, la malheureuse femme
Fut prête à raconter le tourment de son âme ;
Elle voudrait parler, mais le mot commencé
Sur sa lèvre tremblante expire inachevé.
Honteuse, succombant à d'étranges alarmes,
Elle épanche son cœur dans un torrent de larmes.
Le vieillard clairvoyant avait bien, tout d'abord,
Deviné Thérésa dans ses soins pour Montfort ;
Mais il ne craignait rien d'une femme aussi sage.
Montfort la rencontrait toujours sur son passage.

Les airs de Thérésa, son noir sourcil arqué,
Son regard plein de feu, rien n'était remarqué.
Que ne fit-elle pas pour avoir un sourire
Ou bien ce doux regard où la femme sait lire
La tendre expression d'un amoureux penser ?
A mille petits soins on la vit s'efforcer.
Supposant à la fin que cette âme trop fière
S'arrête avec dédain au seuil de la chaumière :
« Vous me croyez, dit-elle un jour nonchalamment,
Fille d'un chèvrier, et née apparemment
Sous le modeste abri d'un pauvre toit de chaume ?
— A votre air, signora, lui répond le jeune homme.
A la mâle fierté qui brille dans vos yeux,
J'ai déjà deviné vos illustres aïeux. »
Pauvre femme !... L'esprit, lorsque le cœur soupire,
De ses impressions, hélas, souvent s'inspire !
« Merci, lui répond-elle, oh qu'ils me semblent doux
Ces beaux pressentiments que je rencontre en vous !
Oh si de mes malheurs la peinture terrible,
Pouvait à votre cœur n'être pas trop pénible,
De ma vie, aujourd'hui, je vous peindrais le cours.
— Le malheur au malheur s'intéresse toujours ;
Parlez, lui dit Montfort, une histoire assez sombre
Sur mes revers encor pourra jeter quelqu'ombre. »
De plaisir en secret rougissait Thérésa ;
Elle baissa les yeux, puis elle commença.

« Il est une cité qui, belle et nonchalante,
S'endort sous les reflets de la lave brûlante,
Blanche comme une vierge au long voile traînant,
Mirant son joli front au golfe transparent ;
C'est là qu'en un palais on fêta ma naissance ;
Sur de moelleux tapis, c'est là que l'opulence,
De ses beaux doigts d'albâtre entr'ouvrant mes rideaux,
Etala devant moi les écrins les plus beaux.
Mon arrivée au jour, des plus nobles familles
Chez mon père assembla les femmes et les filles ;

Et sur mon lit d'ivoire, aux riches ornements,
Se pencha plus d'un front couvert de diamants.
Ma mère était heureuse ; et l'on voyait sans cesse,
En mille doux baisers s'épancher sa tendresse.
Mais ces baisers, hélas, durèrent peu de temps.
Quand le ciel la reprit, je n'avais pas quatre ans.
O jour, ô jour fatal, qui vint sur mon aurore
Etendre un voile sombre !... Il m'en souvient encore ;
Le palais, tout-à-coup, devient silencieux ;
Le deuil aux voiles noirs partout s'offre à mes yeux.
Mon père, en m'embrassant, me baignait de ses larmes.
Pauvre enfant ! étrangère à toutes ces alarmes,
De ma mère parfois je prononçais le nom ;
On se taisait alors ; à cette question,
Je voyais redoubler les larmes de mon père.
Un mois ou deux encor je demandai ma mère,
Et puis je l'oubliai, comme font les enfants.
Lorsque j'eus accompli mes quatorze ou quinze ans,
Pour mieux me prodiguer tous les soins que mon âge
Et ma condition me donnaient en partage,
Les maîtres, près de moi, s'étaient multipliés ;
A des arts d'agrément les utiles liés,
D'ouvrages bien choisis l'étude sérieuse,
En éteignant chez moi l'humeur capricieuse,
Qui naît souvent, hélas, de la légèreté,
M'avaient du jugement acquis la sûreté.

Une sœur de ma mère, une femme charmante,
Qui joignait à l'esprit une nature aimante,
A mon instruction pour ajouter encor,
De voyages fréquents me vint ouvrir l'essor.
Mon regard put alors, sur toute l'Italie,
Promener ma pensée avec peine assouplie
Au commerce alourdi des conversations.
J'y vis les monuments, restes des nations ;
Je compris nos aïeux : c'étaient vraiment des hommes
Près desquels, aujourd'hui, nous sommes des atomes.
Souvent je parcourus, au retour des saisons,
La belle Lombardie, où de riches moissons
Recouvrent, trois fois l'an, la terre infatigable ;
Des champs bariolés la vue est admirable ,
Des campagnes en fleurs les parfums sont exquis;
Aux chars bas et pesants les bœufs, par quatre ou six,
Attelés et dressant leurs longues cornes noires
Où des boules de fer pendent en balançoires,
D'un pas lourd et tardif, baveux et mugissants,
Marchent sous l'aiguillon de pauvres paysans
Dont les haillons, hélas ! et le triste visage,
Dans ces campagnes d'or, rappellent l'esclavage.
Quand le soc s'arrêtait dans son tardif parcours,
L'imagination me présentait toujours,
Glaives, casques brisés heurtant à la charrue
Et sortant tout-à-coup de cette terre nue.

13

Sur ces champs labourés, chaque sillon nouveau
D'un antique héros m'entr'ouvrait le tombeau :
Je m'attendais sans cesse à voir jaillir la cendre
Aux yeux du laboureur ne sachant la comprendre.
J'ai vu Venise aussi, cette fille des mers
Qui rit aux chants d'amour, sur des gouffres ouverts,
Bravant le conquérant derrière ses lagunes
Et couvrant de ses chants de grandes infortunes.
Sur le marbre poli de ses longs escaliers,
Souvent je descendis au chant des gondoliers,
Et sur un frêle esquif m'embarquant passagère,
Sous l'effort cadencé de la rame légère,
Ou bien abandonnant au souffle du zéphir
La voile dont le sein se gonflait à plaisir,
Rêveuse et réveillant des souvenirs antiques,
Je voguais sur l'azur des flots adriatiques
J'aimais surtout le soir, quand le ciel s'étoilait,
Quand, son fanal en feu, la gondole volait ;
Quand le vent caressait la tendre mélodie
Qui fuyait doucement sur la vague endormie
Et, de la belle rive éveillant les échos,
Allait languissamment s'éteindre sur les eaux.
Rome aussi vint m'ouvrir le champ de ses merveilles ;
Je fus tout yeux d'abord ; mais, hélas, mes oreilles
Entendaient avec peine, en ignobles accents,
Pleurer les lâches cœurs de mille mendiants.

Il est triste parfois qu'une exacte mémoire
De triomphes passés nous rappelle la gloire ;
Rome ! quels souvenirs!... Comme on vit du passé
Lorsque l'esprit rattache au colosse effacé
Les palmes que le temps cache sous sa poussière !...
Cette ville, d'aspect, est vraiment singulière :
Le marbre y parle seul et le peuple est muet ;
Ce sont vastes tombeaux où l'homme disparaît.
Si l'on ne s'élevait aux sublimes pensées
Qui font planer un Dieu sur ces races brisées,
On prîrait pour les morts sous ces beaux marbres blancs.
Elle est belle vraiment cette robe à tes flancs,
Par la savante main du génie attachée,
Mais cette robe, hélas! ô Rome, elle est tachée !
Vois les lazaroni partout dans tes parvis,
Fainéants, dans la crasse, au soleil endormis,
La tache, la voilà. Quand donc, reine du monde,
Quand donc secoûras-tu cette vermine immonde ?...
Désormais, dans mon cœur, l'homme comptait pour rien,
Et je n'eus au retour que dégoût pour l'hymen.
Aussi lorsque mon père, après ce long voyage,
Peut-être malgré lui, parla de mariage,
Je lui jetai ces mots où perçait le mépris :
« Faut-il que je me donne à l'un de ces maris
Qui, suivant dans l'hymen des coutumes infâmes,
Voient d'un œil complaisant les galants de leurs femmes ?

Cet homme, après un mois, me mettra de côté
Pour me jeter au col du premier Sigisbé
Que pourra lui fournir la moindre circonstance,
Si même il ne l'a point déjà choisi d'avance. »
Sur les choses d'en bas ce penser dédaigneux,
M'eût peut-être portée à la fin vers les cieux ;
La foi, ce firmament qui de saints noms s'étoile,
Peut-être d'un nuage eût abaissé le voile
Sur mon front virginal, et fuyant les mortels,
J'aurais, chaste vestale, à l'ombre des autels,
Pâle comme un linceul, au fond d'un monastère,
Jusqu'à mon dernier jour langui dans la prière ;
Pour un esprit tout autre et plus ardent que moi,
La voix d'un confesseur eut pu servir de loi ;
Mais, simple et sans apprêt, ma conscience pure,
De pratiques sans nombre évitant la torture,
Éludant les dangers d'avis trop indiscrets,
Je priais le Seigneur, sans fougue et sans excès ;
Dieu me parlait au cœur ainsi que ses apôtres,
Mais ma main faiblissait aux lourdes patenôtres.
Qu'allais-je devenir?... Ecoutez, ô Montfort!...
Le ciel, dans ses desseins, voile souvent le sort.
Déjà se distinguait, au nord de l'Italie,
L'homme qu'on vit plus tard élever son génie
Jusqu'aux vastes desseins qui viennent, aujourd'hui,
Prosterner à ses pieds l'Univers ébloui.

Mon père était de taille à le suivre en sa route.
Bonaparte le vit ; ils se plurent sans doute,
Car mon père, souvent, pour l'aider dans son plan,
Près du héros français se rendit à Milan.
Mais d'un assassinat l'effroyable mystère,
De son pays, soudain, vint expulser mon père.
Dans un ravin profond, décharné, raboteux,
Au milieu de la nuit, sombres, silencieux,
Sur nos mulets tardifs et presque hors d'haleine,
Butant à chaque pas, nous cheminions à peine ;
Mon père, tout pensif, marchait à mes côtés ;
Nos valets l'un de l'autre à grand-peine écartés,
Formaient autour de nous une timide escorte.
Soudain l'un d'eux s'arrête, et le vent nous apporte
A ce même moment un sinistre signal ;
D'un sifflement aigu j'entends le son fatal.
La crainte me saisit, et me glissant à terre,
Tremblante, au Créateur, j'adresse ma prière.
Mon père... oh quel courage !... Allons, lâches ! dit-il,
Il faut... Il s'arrêta ; par un détour subtil,
Douze ou quinze brigands avaient su nous surprendre,
Et mon père déjà, sans qu'il eut pu l'entendre,
Par l'un de ces bandits tout-à-coup désarmé,
Aux yeux de son enfant se trouva bâillonné.
Nos valets effrayés, troupe lâche et timide,
Ne durent leur salut qu'à leur fuite rapide.

Je restai seule ; ô ciel ! comme je les priais !
Pour mon père, à leurs pieds, comme je me traînais !
Hélas ! rien ne parlait à ces âmes farouches !...
Pardonnez à mes pleurs .. Oui j'ai vu, de leurs bouches,
Profané, conspué le plus auguste front.
Le vieillard se montrait ferme sous cet affront.
Il tomba sous leurs coups... Ma faible connaissance
Put surprendre ces mots qu'exhalait sa souffrance :
« Ma fille !... Oh je me meurs !.. Épargnez mon enfant !..»
Sur mes yeux s'étendit un nuage effrayant.
Que devins-je, ô mon Dieu !... Jugez de ma détresse,
De l'un de ces bandits je me vis la maîtresse !...
Je fus mère, plus tard, et ce même bandit
Dont le nom, tant de fois par ma bouche maudit,
Me semblait sur ma tête appeler l'anathème,
Sur le jeune innocent versa l'eau du baptême.
Ses pleurs, son repentir, le ciel pris à témoin,
Je crus tout ! Pourquoi non ? J'en avais tant besoin !
Il est si doux, vraiment, le rayon de lumière,
Quand pèse sur les yeux la nuit de la misère !...
— Pauvre fleur, dit Montfort, que l'ouragan brisa,
Mon cœur comprend le vôtre et vous plaint, Thérésa.
Vous avez bien souffert ; mais le ciel peut encore,
Au sein de cette nuit, faire briller l'aurore.
Aimez-le seulement cet époux, quel qu'il soit.
L'aimer !... dit Thérésa, juste ciel ! quel surcroît !

L'aimer!... car tu l'as dit ; oh ta bouche blasphème !
Le Seigneur qui me voit, sait bien que sur moi-même
Je me suis repliée en un dernier effort,
N'attendant pour mes maux qu'un seul terme : la mort !
L'amour!... Il n'est pour moi que dans une autre vie ;
Et pourtant!...» Ce disant, d'une amoureuse envie
Son regard, à Montfort, exprimait la langueur.
Fidèle à son amour, Montfort, par sa froideur,
Glaçait de Thérésa la flamme impatiente.
Fatigué de la voir devant lui suppliante,
Ou plutôt pour son cœur redoutant un écart,
Il s'ouvrit à Marcel, et, pressant le départ,
Il fuit de Thérésa les trop dangereux charmes.
Que de fois de Montfort, tristes et pleins de larmes,
Pendant qu'il gravissait le sentier montueux,
Vers le joli chalet se tournèrent les yeux !
Derrière un bois enfin il le perdit de vue.
Quand Thérésa, des champs, vers le soir revenue,
Apprit du vieux Marcel le départ de Montfort,
Son âme succombant sous un pénible effort,
Elle reste d'abord immobile, abattue,
On eût dit, à la voir, une froide statue ;
Le sombre désespoir, l'excès de ses douleurs
Semblent avoir tari la source de ses pleurs ;
Sa chevelure à flots inonde sa poitrine,
Sur son sein découvert son pâle front s'incline;

Sa bouche, faiblement, essaie, essaie encor
De prononcer un nom, le doux nom de Montfort ;
Ce nom qu'elle répète en sa triste pensée,
Hélas, vient expirer sur sa lèvre glacée.
Enfin sa faible voix laisse échapper ces mots
Qu'interrompent souvent de pénibles sanglots :
« Sur ses pieds délicats, esclave obéissante,
Epancher chaque jour l'eau pure et transparente,
Sur son lit de repos, d'une soigneuse main,
Etendre les tapis où brille le carmin,
Voilà ce que mon cœur aurait osé prétendre !
Mais tout m'est refusé ; je n'ai pu même entendre
Un mot, un mot d'adieu!...» C'est en vain que Marcel
Tâche de lui parler le langage du ciel.
Portant de tous côtés sa démarche inquiète,
Des yeux elle interroge, attentive, muette,
La plaine et les vallons, se traînant aux sentiers
Où l'on suit sur le sang la trace de ses pieds.
Déplorables effets d'une amoureuse flamme,
Mille pensers affreux s'agitent dans son âme ;
Comme l'ombre à ses pas, l'image de Montfort
S'attache à sa poursuite et lui parle de mort.
Amante infortunée, il faut qu'elle succombe !
Son front pâle, déjà sent le froid de la tombe ;
Son œil fixe est vitreux, et de marbre est son teint ;
O douleur, ô douleur ! comme ton bras l'étreint !

Que d'un corps si charmant tu sais faire un cadavre !
Elle a dans le regard quelque chose qui navre,
Comme d'une insensée ; où va-t-elle ?... O mon Dieu !
N'ai-je point entendu murmurer un adieu ?...

Voyez-vous ce vieillard qui par les monts s'avance ?
Son compagnon le suit, ferme et plein d'assurance ;
Le chemin est pénible, incliné, dangereux,
A la droite s'entr'ouvre un précipice affreux ;
A leur gauche se dresse un rocher tout de neige.
Soit que ces lieux déserts, où le silence siège,
Rochers majestueux où semblent les frimas
Etendre à larges plis le voile du trépas,
D'un spectacle imposant écrase sa pensée,
Soit qu'un pressentiment sur son âme oppressée,

Vienne abaisser soudain son épaisse vapeur,
Montfort en cet instant sent défaillir son cœur.
Le saint religieux récitait sa prière ;
Fidèle compagnon de sa rude carrière,
Le chien du Saint-Bernard, messager précieux,
Flairant les voyageurs égarés en ces lieux,
Et porteur d'une gourde à son col suspendue,
Précédait le vieillard sans le perdre de vue.
Montfort était surpris en voyant le vieillard,
De ces pas dangereux affronter le hasard.
« Admirable vertu, disait-il en son âme,
Charité, de ton feu c'est l'ardeur qui l'enflamme !
Toi seule, dans les cœurs, même chez les moins forts,
Tu peux faire jaillir de semblables efforts !..
— Ne vous étonnez pas, dans ces lieux difficiles,
Si je trouve à mes pas les sentiers si dociles,
Lui disait le vieillard ; j'ai d'abord essayé,
A parcourir ces lieux j'ai longtemps travaillé,
L'adresse m'a servi ; mais à mon divin maître,
Confiant, j'avais fait l'abandon de mon être,
Et guidé par sa main, sur ces étroits sentiers,
J'ai fini par apprendre à conduire mes pieds.
Si jamais, ô mon fils, sauvé de ce voyage,
Du monde vous allez braver encor l'orage,
Soyez ferme et prudent ; mais que toujours la foi
Soit de vos actions l'inébranlable loi.

Marchez à sa lumière et que Dieu vous soutienne ;
Le bâton du voyage est la vertu chrétienne. »
Glissant et trébuchant ils marchaient à pas lents ;
De la neige soudain, épais, éblouissants,
Par le vent soulevés, les flocons tourbillonnent ;
Ces nuages volants d'ombre les environnent :
« L'avalanche ! ô mon fils, dit le père à Montfort,
Dieu semble en ce moment nous préparer la mort ;
Plus d'issue à nos pas, aux yeux plus de lumière,
La neige, par le vent enlevée à la terre,
Peut dans ses tourbillons nous engloutir tous deux. »
Cet instant, pour Montfort, fut sombre et sérieux.
Mornes et résignés, ils gardaient le silence,
Quand de sourds hurlements la triste résonnance
Vint troubler, tout-à-coup, les échos de ces lieux.
Bien que tout languissant, le saint religieux,
Oubliant le trépas dont l'image l'assiège,
S'inspire de son zèle, et traversant la neige :
« Mon fils, dit-il, mon fils, puisqu'il nous faut mourir,
Par un dernier effort, tâchons de secourir
Le pauvre voyageur égaré dans sa route ;
Dieu, pour ce dernier trait, nous bénira sans doute,
Et s'il veut en ce jour nous appeler à lui,
Que cet acte à ses yeux devienne notre appui. »
Et le saint homme allait se soutenant à peine.
Montfort, tout harassé, sur ses traces se traine.

La neige les entoure, ils ne distinguent rien ;
Ils marchent se guidant sur la voix de leur chien.
Une femme gisait, la face sur la neige,
Le chien faisait autour son fidèle manège,
Flairant, quêtant, hurlant et mordant doucement,
Afin de l'éveiller, ce corps sans mouvement.
Ils s'avancent tous deux. Pour découvrir la face,
Ils soulèvent le corps et le changent de place.
« Aidez-moi, » dit le père en cherchant à l'asseoir ;
Mais Montfort, à genoux, regardait sans rien voir.
Brisé par la douleur, d'un œil morne et stupide,
Muet, il contemplait cette face livide,
Et cette main si froide, et ces regards éteints,
Et la gaze immobile au-dessus des deux seins.
Le vent avait cessé. Le bon père s'empresse
De crayonner ces mots : « Nous sommes en détresse. »
Et le dogue fidèle, au modeste chalet,
Sur un signe du père emporte le billet.
Vainement le bon père en efforts se consume,
La chaleur dans le corps nulle part ne s'allume ;
On apporte un brancard où l'on pose le corps ;
Les bons religieux chantaient l'hymne des morts.
Montfort, nonchalamment, derrière le cortège
Se traîne, regardant et les beaux seins de neige,
Que les voiles légers, par la brise écartés,
Laissent apercevoir à ses yeux attristés.

Et les longs cheveux noirs, ce beau voile d'ébène
Qui se déroule à flots et sur la neige traîne.
Souvent on s'arrêtait pour prendre du repos ;
On reprenait la marche en jetant aux échos
De lugubres accents la sublime harmonie.
A la porte du chœur Thérésa fut bénie,
Et puis dans une fosse on descendit son corps,
Et la belle dormit sur l'oreiller des morts.
Montfort, sous le chagrin sentant faiblir son âme,
D'une ardente ferveur écoutant trop la flamme,
Des bons religieux, en ce calme séjour,
Eût sans doute embrassé l'existence en ce jour.
Son jeune commandant, à la gloire fidèle,
Des Danois menacés, tout-à-coup lui rappelle ;
Pour vaincre son ennui le péril imminent,
Montfort se laisse vaincre à ce beau dévoûment.

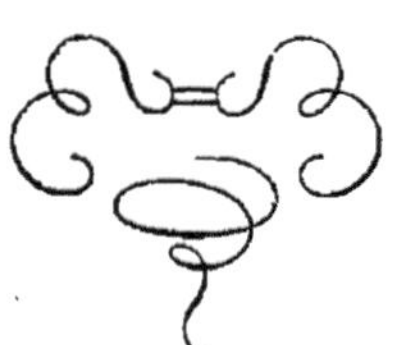

LIVRE NEUVIÈME

—

I.

Où vas-tu donc nuage aux flancs gros de tempêtes ?
Tes épaisses vapeurs des monts touchent les faîtes
Et répandent partout la nuit et la terreur ;
Tu roules vers le nord que tu glaces d'horreur ;
Les épouses en deuil pâlissent à ta vue,
Tu présages la mort à la vierge éperdue ;
Tout tremble, excepté vous, indomptables Danois,
Tout fuit, tout se dissipe... Ainsi l'on voit parfois,
Lorsque de l'épervier l'aile s'est déployée,
S'enfuir petits oiseaux en bruyante volée.

14

Mais vous, d'anciens héros digne et brillante engeance,
Rappelant à vos cœurs votre illustre naissance,
L'œil tourné vers les flots et le fer à la main,
Vous semblez du regard défier le destin.
Reine de l'Océan, sur la mer mugissante,
Tu presses vainement ta flotte menaçante,
Et ces fougueux tritons, et ces monstres ardents
Qui vomissent la flamme et le fer de leurs flancs ;
Les Danois seront prêts. — D'une quadruple enceinte
De forts, de bastions leur capitale est ceinte,
Car le génie a su déjà tout préparer ;
Mais plus que tout cela, plus puissant que l'acier,
Plus que foudre qui gronde et porte le carnage,
Angleterre, ils auront contre toi leur courage.
Mais quel bruit au lointain ?... Ecoutez, ô Danois !...
N'est-ce point du canon la redoutable voix ?...
Aux armes ! On se lève, et le prince lui-même
Vient au sein des soldats dicter l'ordre suprême.
Les plus braves guerriers, avec ordre placés,
Se groupent en silence aux postes avancés.
Au sein des combattants un étranger s'avance ;
A son noble regard, à sa fière prestance,
Tous les soldats saisis devinent le héros !
Qui donc vient en ce jour seconder leurs travaux ?
Voyez, au premier rang, il s'avance sans crainte ;
O France ! sur son front, je vois ta gloire empreinte !

II.

Les foudres se taisaient; des débris tout fumants
S'élèvent seulement quelques nuages blancs,
Dissipés par la brise au sein de l'atmosphère.
La mer, en mugissant, vient battre cette terre,
Parmi des flots d'écume, à ces humides bords,
Des plus nobles martyrs amoncelant les corps....
Comme un léger flocon à la vague enlevée,
La mouette dans l'air, lentement balancée,
Semble suivre en son vol, sur les flots écumants,
Les ondulations des cadavres flottants.

Puis quand le roi des airs, les ailes étendues,
Tout-à-coup, avec bruit, descend du haut des nues,
La mouette effrayée abandonne les morts ;
Alors, l'oiseau terrible, au bec dur et retors,
Posant sur le cadavre une serre cruelle,
Comme un sombre vainqueur se dresse et bat de l'aile,
Ébranlant par instants, de son horrible voix,
Les tranquilles échos du rivage et des bois.
A cet étrange cri, les antres retentissent,
Sur ces sauvages bords les vagues qui mugissent
Semblent pour un instant suspendre leur essor.
Cette horrible clameur, comme un signal de mort,
Vient porter l'épouvante au sein de la nature.
Hillan, dans son canot, sous une épaisse bure,
Reposait ; sur la terre il tourne ses regards
Et voit un étranger dont les cheveux épars
Ondulent sous le vent en larges flots d'ébène.
« Ami, combien le vent ? Ta barque est-elle pleine ?...
Au pilote danois, ainsi parle Montfort.
— Le fidèle Danois ne quitte point le port,
Quand de ses frères morts, sur la vague plaintive,
Les cadavres encor s'en vont à la dérive.
Allez, poussez plus loin, jusqu'aux bords où les flots
Ne roulent point les morts aux yeux des matelots. »
Montfort, un peu plus loin, put trouver son passage.
Lorsque, la voile au vent, la barque du rivage

S'éloigna bondissante et glissa sur les flots,
Au pilote danois Montfort parle en ces mots :
« Qu'injuste, quelquefois, me semble la fortune ;
Que cette mort de Paul est pour vous importune !
Funeste coup de sang, tu sauves les Anglais...
Le pilote répond : — O généreux Français,
Un homme tel que toi de moi peut tout apprendre ;
J'étais seul sur ces bords, et là je pus entendre
De nobles étrangers que je n'ai point revus,
Sur le trépas de Paul ces détails inconnus :
« Le vin coulait à flots pour échauffer les têtes ;
Lorsqu'on vit pour le coup toutes les âmes prêtes,
On donna le signal. Deux hommes seulement,
Calmes et maîtres d'eux attendaient ce moment
Pour achever enfin leur fatale entreprise.
Aussitôt, en deux corps, la troupe se divise,
Vers le palais Michel on marche à pas discrets ;
Les gardiens à ce coup semblent être tout prêts.
Devant les conjurés les ponts-levis s'abaissent ;
Nous passons promptement, et lorsqu'ils se redressent,
Malgré moi je frissonne en songeant que, pour moi,
Le meurtre ou le trépas est la fatale loi.
Nos pas mystérieux retentissaient dans l'ombre ;
La lune faiblement, d'un rayon pâle et sombre,
Aux yeux des conjurés éclairait le chemin.
On arrive ; un des chefs à la porte soudain

S'arrête avec sa troupe, et l'autre, avec prudence,
Vers la chambre de Paul, l'épée au poing s'avance;
On entre dans la chambre, on fouille dans le lit...
Personne... L'on s'arrête... et chacun, interdit,
Voit dans ce contre-temps l'arrêt de son supplice.
Impassible, le chef soupçonnant l'artifice,
Cherche de tous côtés, et calme et d'un œil sûr
Observe du salon le coin le plus obscur.
Derrière un paravent lui servant de retraite
L'Empereur, retenant son haleine discrète,
Se cachait.—Abdiquez!... Et notre chef, soudain,
Lui présente un papier qu'il tenait à la main.
En ce suprême instant, retrouvant son courage,
Paul se jette sur eux et lutte plein de rage.
Comme un lion terrible en vain il se débat ;
Accablé par le nombre, à la fin il s'abat.
Tout était consommé ; la nouvelle circule.
Le jeune prince accourt ; d'épouvante il recule
Et, se voilant les yeux, de reproches amers
Accable les deux chefs auteurs de ce revers...
Impassibles tous deux ils restent sans répondre;
Enfin l'un d'eux lui dit : — C'est assez se morfondre,
Il faut que maintenant, pour le peuple surpris,
Prince, votre parti soit tout de suite pris.
Laissez-vous couronner ; le reste nous regarde.
Le prince se retire au milieu de sa garde. »

Ce récit terminé, Montfort, silencieux,
Demeura quelque temps pâle et baissant les yeux,
Aux retours du destin réfléchissant sans doute.
La barque, cependant, continuait sa route ;
Vers la côte de Suède un bon vent la poussait.
On aborde, Montfort salue et disparaît.

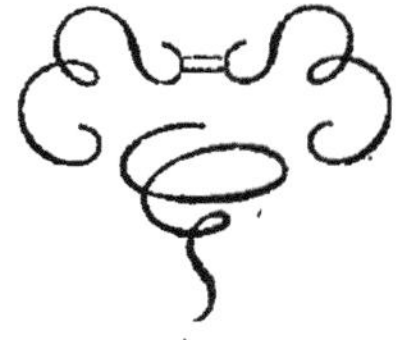

III.

A quoi donc nous sers-tu, démon de la science?...
Par elle je connais, Dieu, ta magnificence ;
Les mers, les continents et la voûte des cieux,
Sous sa puissante main s'entr'ouvrent sous mes yeux.
Où m'a-t-elle conduit, dans cette route immense?
Vers un but qui me fuit, sans cesse je m'élance ;
O trop perfide fruit de cet arbre vanté,
Que nos premiers parents, crédules, ont goûté !
De ta belle couleur, quand on vient à te prendre,
Il ne reste au palais qu'amertume et que cendre !

Et puis toujours la faim, toujours même désir,
Pour qui t'a détaché, de te mordre à plaisir !
O fontaine limpide aux ondes murmurantes,
Tu ne pourras donc rien pour mes lèvres ardentes !
Je ne le sens que trop, j'ai quelque chose là
Que le savoir humain jamais ne comblera !
Si j'aimais !... Quel bonheur ; quelle plus douce flamme
Que ces feux que l'on puise aux regards d'une femme ?
Soit que vierge timide elle baisse les yeux
Sous un voile de neige ombrageant ses cheveux ;
Soit que belle princesse, à la fière prestance,
Sous la pourpre, à pas lents, et l'or elle s'avance ;
O beauté, c'est pour toi la perle de l'Euxin,
S'écrî-t-on, diamants, ruisselez sur ce sein !
A de si beaux appas le parfum d'Arabie,
Et la rose naissante et la pure ambroisie ;
Mais, hélas ! j'aperçois, un bâton à la main,
La vieillesse, à pas lents, qui se traîne au chemin...
Quoi, cette vieille affreuse !... Eh regardez : c'est elle...
Celle qui, de son temps, passait pour la plus belle.
Oh ! quel hideux ulcère à la place du nez !
Ses beaux bras arrondis, comme ils sont décharnés !
De ces jolis regards où se noyait une âme,
Essayez maintenant de retrouver la flamme...
On dirait à la voir, on dirait, Dieu quel sort !
Que l'on suit, sous ses traits, le galbe de la mort !...

Mais le cœur, dira-t-on, est une douce chose !...
C'est, sous l'œil de l'amour, la fleur toujours éclose ;
C'est, sur un tronc vieilli, le rameau toujours vert,
Ou sur le paradis un demi-jour ouvert !
Le cœur!...oui j'en conviens...mais, ô ciel, quel problème!
La fourbe est si souvent sous ces deux mots : Je t'aime!..
O sage, tu l'as dit : L'homme ici-bas jeté,
Aux feux d'une furolle est sans cesse emporté ;
Il marche et chaque pas le mène au précipice,
Le malheur, trop souvent, le couvre du cilice ;
Et lorsque, par hasard, égaré par son cœur,
Il croit tenir en main la coupe du bonheur,
Cette coupe fatale, à ses lèvres avides,
N'apporte que des feux qui les laissent arides...
O maître devant qui s'incline le plus fort,
Qui peux mettre le pied sur la faux de la mort,
Qui seul as mesuré, dans ta marche puissante,
Les gouffres spacieux de la mer mugissante ;
Toi qui pris dans ta main le ciel comme un lambeau,
Et l'étendis flottant au-dessus du plateau
Où rampe des mortels la chétive existence,
Qui traites l'Océan comme on traite l'enfance ;
Eternel qui peux seul, maître de toute loi,
Ou détruire ou bâtir, sans craindre les pourquoi,
Devant ta volonté, timide je m'incline ;
Ma raison impuissante à la raison divine.

Sans vouloir discuter, désormais se soumet,
Et je ne ferai plus que ce qu'elle permet !...
Dans le fond de la Suède, ainsi parlait un sage ;
Sa barbe et ses cheveux témoignaient de son âge.
C'était un beau vieillard d'à peu près soixante ans,
Un beau soleil d'hiver après un beau printemps.
Dans un vallon étroit, au bord de la Baltique,
Ce vieillard habitait une maison rustique ;
Il avait pour compagne une vierge aux yeux bleus,
Au joli col d'ivoire, aux longs et blonds cheveux
En tresse emprisonnés dans un réseau de soie.
Cette charmante enfant faisait toute sa joie;
Seule elle embellissait ce sévère séjour.
Sa pauvre mère, hélas, en lui donnant le jour,
Sous la main du trépas, quoique bien jeune encore,
Avait vu tout-à-coup pâlir sa belle aurore.
Dans les traits de Jenny, le père se plaisait
A retrouver les traits de celle qu'il pleurait.
Ce beau cygne du Nord, à voix harmonieuse,
Berçait si gentiment sa tête gracieuse !
Un teint éblouissant, un front immaculé,
Un modeste regard sous de longs cils voilé,
Semblant nager dans l'eau d'une claire fontaine ;
De jolis airs de tête et puis un port de reine,
Suave, éblouissante et parfumant les airs
Comme cette vapeur que bercent les déserts !...

Vraiment, en la voyant, on eût pu croire au rêve !...
Quand, le regard au ciel, la belle fille d'Ève
S'agenouillait, la muse en méditation,
Eût eu moins de ferveur et moins de passion !...
Le matin de ses feux rougissait les nuées,
Et déjà le soleil, au givre des croisées,
De mille et mille fleurs éclairait le contour ;
Jenny, toujours levée à la pointe du jour,
Souriante, arriva saluer son vieux père ;
Alors s'épanouit ce front triste et sévère ;
Il pleura, le pauvre homme, et même cette fois,
Laissa tomber ces mots, d'une tremblante voix :
« Doux rayon de mon âme, à ma sève affaiblie
Qui seul peut rendre encore une force ravie,
Ma fille, dans mes bras, laisse-moi te presser ;
Il va si bien au cœur, ce chaste et doux baiser
Qu'en invoquant son Dieu, le père de famille
Pose, au lever du jour, sur le front de sa fille !...»
La vierge avec amour, et les yeux souriants,
Au col du bon vieillard jette ses beaux bras blancs,
Et couvre de baisers sa tête vénérable.
Doux entretien du cœur, toi seul étais capable
De chasser de cet homme, en cet heureux moment,
Un cruel souvenir qui faisait son tourment !
Appuyé sur sa fille, il sort de sa demeure ;
Le soleil, de ses feux, marquait la neuvième heure.

Un traineau devant eux vint s'arrêter soudain ;
Un étranger descend et, casquette à la main,
Leur demande où l'on peut trouver l'hôtellerie.
Le Suédois lui répond : « Notre bonne patrie
Se montre hospitalière à tous les étrangers ;
Voici l'humble logis où je demeure, entrez.
Soyez le bienvenu, noble fils de la France.
J'ai vu votre pays, car ma pauvre existence
De l'aurore au couchant, pour n'être qu'où j'en suis,
A sans cesse, en pleurant, promené ses ennuis. »
Le jeune et beau Français avait noble figure,
Mais son port annonçait une fière nature ;
Aussi quand sur Jenny s'abaissa son regard,
Il lui sembla sévère et la tint à l'écart.
« Ma fille, lui dit Franck, la voyant tout émue,
De ce jeune étranger, la visite imprévue,
Exige à la maison quelques nouveaux apprêts ;
Allez, et d'un repas improvisez les mets.
Ce jour est pour ces lieux un bel anniversaire,
Et vous serez ce soir mieux traité, je l'espère.
Pourrais-je, en attendant, vous demander pourquoi
Le hasard en ces lieux vient vous offrir à moi ?
Qui porte vers le nord votre âme aventureuse ?
Seriez-vous un savant, nature curieuse,
D'une étude nouvelle ayant les éléments,
Et cherchant des terrains les obscurs gisements ?

Ou seriez-vous plutôt une pauvre âme en peine,
Qui du nord au midi traîne sa lourde chaîne ?
Je crois lire en vos yeux !... Mais, dites, j'aperçois
A votre boutonnière un ruban, une croix...
Auriez-vous, par hasard, glorieux militaire,
Accompagné les pas de ce foudre de guerre....
Le Français répondit : — La révolution
Me jeta dans la guerre ; et puis la passion
M'entraîne en ce moment sur les pas d'une femme.
—Jeune homme, je vous plains, mais de toute mon âme,
Dit Franck, en étouffant avec peine un soupir ;
Oh grande est la douleur que je crois découvrir !...»
Cependant, par les soins de la vierge empressée,
Bientôt pour l'étranger une table est placée ;
Sur un linge de neige on dresse le couvert.
« L'appétit, dans le nord, est toujours bien ouvert,
Entrons, dit le Suédois, car l'heure qui s'avance
Me semble de Jenny tromper la prévoyance. »
Mais déjà par ses soins tout était disposé.
Entre Franck et Jenny l'étranger fut placé ;
On lui fit les honneurs du respectable scole.
Le Français qui, du reste, avait eu bonne école,
Se garda de manquer à l'usage pieux.
Jenny, timidement, sur lui portait les yeux,
L'interrogeant parfois de la meilleure grâce.
L'appétit satisfait, chacun quitta sa place ;

Aux apprêts du dîner il fallait du loisir,
Aussi Franck au Français proposa de sortir.

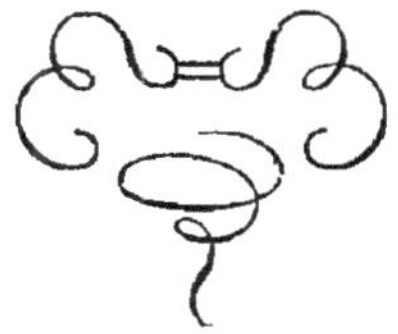

LIVRE DIXIÈME

Riches, que buvez-vous dans vos coupes dorées ?
D'un éternel souci vos âmes dévorées,
Trouvent-elles l'oubli dans le bruit des salons ?
Le feuillage et les fleurs, qui pendent en festons,
Semblent de leurs parfums, sur votre nonchalance,
Essayer vainement la charmante influence ;
Et la lumière à flots inondant vos lambris,
S'arrête au voile épais de vos fronts assombris.
La primeur, vainement, sur vos tables s'étage ;
Les mets les plus exquis semblent vous faire outrage ;

A vos sens émoussés le plus savant ragoût,
Le fruit le mieux choisi n'inspirent que dégoût ;
Qu'importe que le vin dans vos verres pétille ?
Si le destin vous dompte, hélas, ô pauvre drille,
Sur un lit de douleur, par la goutte enchaîné,
A souffrir tout un mois vous êtes condamné !...
Au contraire, voyez le ton d'insouciance
Et la franche gaité que garde l'innocence ;
Elle rit aux éclats au milieu du festin,
Sans craindre d'un censeur le front triste et chagrin.
O bienheureux Suédois, que j'admire vos fêtes !
Aux rires, aux chansons, vos bouches toujours prêtes,
Ne savent point encor sottement grimacer !...
A la table de Franck on voyait se presser
Des amis, des parents à la figure ouverte ;
De viandes et de fruits la table était couverte :
Le lingon odorant d'une vive couleur,
L'akerbar des Lapons à l'exquise saveur,
L'excellent jambon d'ours et le rôti de renne,
Et de riz cuit au lait une terrine pleine ,
Y formaient le service où sur son beau plateau
Se dressait de Noël le superbe gâteau.
Lorsque le vin à flots eut coulé dans les verres,
Alors de la Noël les acteurs ordinaires
Parurent dans la salle et, marchant lentement,
Chantèrent leur refrain du ton le plus dolent.

Le premier, dans la main, au bout d'une baguette,
Balançait en falot une étoile coquette,
Comme roi de l'étoile il avait cet honneur ;
Derrière lui marchait Judas, de noire humeur,
Coiffé d'un papier noir et couvert de fourrure,
Une bourse pendait ouverte à sa ceinture,
Et sans cesse il criait : « Allons vite chantez,
Ou bien dans cette bourse écus vite jetez. »
Les trois Mages venaient avec des robes blanches,
Aux ceintures de pourpre, aux impossibles manches...
« Un vieillard, dit Jenny, demande à vous parler,
Mon père... Franck répond :—Jamais, pour l'étranger,
Du fidèle Suédois la table hospitalière,
Même aux jours consacrés ne connaît de mystère ;
Qu'il entre. » Alors se montre aux yeux des assistants,
Un homme assez âgé, dont les beaux cheveux blancs,
D'un noble et large front auguste diadème,
Imposent le respect au vieux Suédois lui-même.
Sur ses traits obscurcis par un soleil ardent,
Respirait la bonté d'un cœur compatissant ;
Mais, hélas ! sur son front les rides amassées,
Attestaient du malheur les tourmentes passées ;
Bien que Franck l'invitât d'un ton respectueux,
Le vieillard hésitait, muet et soucieux.
Vers le jeune Français que son œil embarrasse,
Il s'est tourné soudain, le regardant en face.

Le jeune homme, bientôt, tout décontenancé,
L'apostrophe en ces mots : « D'un vain songe amusé,
Je ne suis point sans doute un jouet du mensonge ;
Père de Thérésa, dont l'image me ronge,
Doux ermite des bois, dont la paisible voix
Vint porter en mon cœur le calme tant de fois,
Marcel, vous voir ici passait mon espérance.
Venez-vous dans le Nord égarer la souffrance ?
Dites, éclaircissez les doutes de mon cœur.
— Béni soit le Très-Haut ; désormais au bonheur
Je peux croire, ô mon fils, puisqu'en cette journée
Vers un fidèle ami ma fortune est menée.
J'accepte ce présage, et mon cœur confiant
Te rend grâces, ô ciel, pour ce commencement.
Mais toi-même, ô mon fils, quelle étrange fortune
Te fait ici traîner une vie importune,
Car du malheur aussi, quoique bien jeune encor,
Hélas, tu ressentis les foudres, ô Montfort ?... »
Franck les interrompit en leur disant : « Sans doute
Que ce noble étranger est brisé par la route ;
Quand ces modestes mets, sur la table laissés,
Auront rendu la force à ses sens épuisés,
Il pourra de son sort, s'il le veut, nous instruire ;
Buvons en attendant, et que votre sourire
Me rappelle en ce jour que vous êtes français. »
Devant le bon Marcel on apporte les mets ;

Le vin coule mousseux dans sa coupe argentée.
Lorsqu'au bout d'un instant sa faim fut apaisée,
Il se tourne vers Franck et lui dit gravement :
« Mon hôte, si tu veux, je dirai maintenant
Le motif qui m'entraîne au sein de ces contrées.
Lorsque de Thérésa les sombres destinées
M'abrutirent au joug du malheur et des ans,
La douleur, au hasard, porta mes pas errants ;
Tout d'abord, je l'avoue à ma honte, accablée,
Mon âme se sentit vers la mort entraînée.
Cet astre de ma vie avait quitté les cieux,
Et le destin, dès lors, n'offrait plus à mes yeux
Qu'une longue agonie à traîner sur la terre.
Je fléchis un instant au poids de ma misère ;
Le ciel, de ma faiblesse eut sans doute pitié,
Sur le bord de l'abîme il arrêta mon pied.
Par la grâce sublime, un rayon de lumière
D'un nouvel avenir vint m'ouvrir la carrière.
Je songeai qu'à la vie au lieu de dire adieu,
Je pouvais me jeter dans les bras de mon Dieu !
Sur la croupe des monts, au milieu du silence,
Des pauvres voyageurs sublime Providence,
De bons religieux ont fixé leur séjour ;
C'est là que, sur moi-même ayant fait un retour,
Je résolus enfin d'aller finir ma vie.
Dieu, qui me conduisait dans ma pieuse envie.

Vint détourner soudain, et vous verrez comment,
De mon cœur exalté le secret mouvement.
En arrivant aux lieux où la troupe discrète
Goûte la douce paix d'une sainte retraite,
Pendant que j'admirais, non sans rougir de moi,
Des fils de Saint-Bernard la belle et douce loi ;
Pendant qu'à deux genoux, au fond du monastère,
Au Dieu des pèlerins j'adressais ma prière,
Dans la pauvre chapelle, un jeune et beau Français,
Un peintre au doux regard et dont les jolis traits
Me semblaient rappeler cette belle nature
Qui sert comme d'emblême à l'art de la peinture,
Réparait à l'écart, d'une savante main,
D'antiques bas-reliefs le précieux dessin.
Sur moi, de temps en temps, ses regards se portaient ;
Je crus même un instant que ses mains essayaient
De fixer sur l'album l'esquisse de mes traits.
La cloche du couvent dérangea ses projets.
De ses sons cadencés, en cette humble demeure,
Du repas principal elle rappelait l'heure.
Le repas terminé, le peintre vint à moi,
« Pardonnez-moi, dit-il ; mais je ne sais pourquoi
Je cherche à vous parler. D'un souvenir, peut-être,
Quelque secret instinct me pousse à vous connaître.
Excusez-moi vraiment, si d'un air curieux
Tout-à-l'heure, sur vous, j'ai trop porté les yeux.

— Le malheureux Marcel, lui dis-je, vous pardonne ;
Car sa figure peut, d'une chère personne,
D'un ami, d'un parent, ici vous rappeler
Les traits que vous aimiez jadis à contempler.
—Vos traits, me répond-il, à la ligne sévère,
Ne m'offrent point l'image ou d'un oncle ou d'un père ;
Le croiriez-vous, monsieur, je retrouve chez vous
D'une jolie enfant le visage si doux,
Qui, bien que la prison mit la mort en mon âme,
Alluma dans mon cœur une amoureuse flamme.
Ciel ! quelle belle enfant ! Comme ses longs cheveux
Encadraient gentiment son galbe gracieux !
Quel doux et beau regard ! Surtout quelle tendresse
Pour un sombre vieillard accablé de tristesse,
Qu'elle nommait son père, et qui semblait vraiment
N'être sensible en rien aux soins de cet enfant !
Mais, depuis, on m'a dit qu'il n'était point son père...
Un plus mûr examen me semble nécessaire,
Dit-il ; et d'un carton il tira sous mes yeux
Le plus joli portrait : une enfant aux yeux bleus,
Aux cheveux blonds tombants, au gracieux visage
S'inclinant doucement sur un joli corsage.
C'est elle me disais-je, et cependant muet
Je restais, quand soudain il m'offre le portrait
Du sombre et laid vieillard à qui l'infortunée,
Par un triste destin, se trouvait enchaînée.

Te dirai-je, ô Montfort, ce que je ressentis
De colère et de haine, et surtout de mépris,
Lorsque je reconnus le bourreau de Lucile.
Lorsqu'en mots véhéments eût éclaté ma bile,
Mon cœur, mon cœur de père, au bout d'un court instant,
Reporta ses regards aux jours de cet enfant.
— Allons, est-elle morte?... Achèves, tu m'accables!...
Une enfant si jolie!... Hélas, les misérables !...
— Monsieur, rassurez-vous, me dit-il, car vraiment,
Je devine à votre air votre secret tourment.
Rassurez-vous, vous dis-je, elle voit la lumière;
Echappée à la mort d'une étrange manière,
Elle a pu se soustraire aux regards des bourreaux.
On m'a dit qu'en chemin, au galop des chevaux,
Par quatre homme masqués elle fut enlevée. »
Montfort semblait rêver. De son âme agitée
Se marquaient sur son front les secrets mouvements.
Les regards de Jenny venaient à tous moments
Se reporter sur lui, d'un air pensif et tendre.
Marcel, de son récit, sans qu'elle put l'entendre,
Aux Suédois attentifs continuait le cours :
« Désormais, disait-il, désormais tous les jours,
A travers l'Océan et sur toute la terre,
Sur ses traces devaient traîner ma vie entière.
On m'a dit qu'elle était sur ce sol étranger,
Et c'est elle qu'ici je suis venu chercher.

En cet instant, Jenny voyant que sous la peine,
Montfort, silencieux, se contenait à peine,
Propose aux invités de rappeler céans,
De leurs mâles aïeux les énergiques chants.
Franck, comme amphitryon, la lyre en main commence,
L'assemblée, au refrain, l'accompagne en cadence.
Des vierges, à leur tour, font entendre en ces lieux,
D'innocentes chansons les refrains langoureux.
Sollicité par Franck, d'une façon aimante,
Marcel saisit la lyre, il s'accorde et puis chante ;
On eût dit à le voir un Barde du vieux temps.
Tels étaient à peu près ses sublimes accents :
« Reprends ta harpe d'or, ô fille du Permesse,
Qu'à ses accords divins, ta voix enchanteresse,
Pour échauffer mon âme unisse ses accents ;
Toi seule à tout poète inspires par tes chants
Ce noble enthousiasme où germe le génie ;
Toi seule peux encor, par ta douce harmonie,
Ranimer dans les vers, en termes gracieux,
Le sublime langage inventé par les dieux.
Laisse couler à flots tes divines pensées,
Laisse aller ce beau fleuve aux rives éloignées ;
Qu'il porte sans orgueil, même au sein des roseaux,
Même au fond des marais ses bondissantes eaux ;
Car c'est un fleuve ardent, la belle poésie,
Elle coule à flots d'or respirant l'ambroisie ;

Elle coule arrosant, d'un rapide courant,
Et le chêne robuste, et le roseau pliant ;
Aux marbres éclatants, à la pierre moussue
Elle vient, généreuse, et toujours bienvenue ;
On la puise à plein vase, et sa douce fraîcheur
Répand dans tous les cœurs allégresse et bonheur.
Laisse couler ce fleuve en course vagabonde,
Muse verse toujours de ton urne féconde.
Heureux, trois fois heureux, quand au gré du zéphir
De ses mille parfums savourant le plaisir,
Sur son onde limpide où l'argent étincelle,
Je peux abandonner ma timide nacelle !
Coteaux délicieux, paysages charmants,
Des plus belles couleurs divins enchantements,
Tout sur ces bords chéris, en mon âme ravie,
Apporte le bonheur et rallume la vie.
C'est un champ de verdure où, près de son troupeau,
Le pâtre nonchalant, couché sous un ormeau,
S'exerce à moduler, pour charmer sa maîtresse,
Les vers qu'à tout amant inspire la tendresse ;
Ce sont joyeux buveurs qui, de fleurs couronnés,
Bras dessus, bras dessous, l'un à l'autre enchaînés,
Promenant en circuit leur marche vacillante,
Tâchent de bégayer d'une langue traînante,
En chants entremêlés de termes saugrenus,
Tout en gesticulant, l'éloge de Bacchus.

L'un prétend que le monde est sorti de la vigne ;
L'autre, le bras levé, de colère trépigne ;
Mais si de mots trop durs la maladroite aigreur,
Vient jusqu'à la bataille animer leur fureur,
Alors, du haut des cieux, une abondante pluie
De roses, de jasmin, de feuilles d'ambroisie
Et de fleurs d'oranger tombant sur les mutins,
Annonce tout-à-coup que le dieu des raisins
Vient calmer, par ses chants et les sons de sa lyre,
Les innocents combats de son joyeux empire.
Il se montre, en effet, dans les plaines de l'air,
Balançant son cep d'or. Sur son visage ouvert
Respire la gaîté. La vigne au vert feuillage
Serpente sur son front, le couronne et l'ombrage.
Il vient au milieu d'eux : — Allons, dit-il, enfants,
Pourquoi ces bras levés et ces yeux menaçants ?
Ecoutez... C'est alors que, d'une voix sonore,
Il se met à chanter les doux présents de Flore,
La treille et ses beaux fruits, et le bruit des pressoirs,
Le vin qui peut guérir les chagrins les plus noirs,
Liqueur aux beaux reflets où, sphères miroitantes,
Brillent des bulles d'air en perles éclatantes...
Mais quels sont ces concerts que, du milieu des eaux,
Sur son aile Zéphir vient porter aux échos ?
Modère un peu ta course, ô barque vagabonde,
Reste pour un instant immobile sur l'onde ;

Je veux interroger cette île et ses abords,
Et trouver, si je peux, d'où viennent ces accords...
O Dieu ! qu'ai-je aperçu, c'est plus qu'une mortelle;
Vénus eut moins de grâce et Pallas fut moins belle !
O vierge au col d'ivoire, oh la noble rougeur
Qui sur ce teint de neige imprime sa couleur !
En deux larges réseaux la main de la nature
Divisa sur son front sa belle chevelure,
Dont les bouclés à flots retombent sur sés bras
Et viennent recouvrir ses pudiques appas.
Mais il faut remonter à ta source éternelle,
A cet endroit si pur où plus claire et plus belle,
Ton onde laisse voir son lit de diamant,
O fleuve de l'Éden, ô fils du firmament !
Que mon âme y reçoive un sublime baptême,
Et que je puisse enfin, dégagé de moi-même,
Essayer dans mes vers l'éloge des élus,
Anges chéris du ciel, sur terre méconnus !...
O Suède, ô beau pays, au sein de l'innocence,
Ton peuple sait encor, dans sa charmante enfance,
Loin de notre tumulte et de nos passions,
Suivre de la vertu les antiques sillons ;
Tes vierges, dans la paix, fleurs brillant sous la neige,
Ignorant les plaisirs que le remords assiège,
Pour un heureux époux savent garder encor
Les chastes sentiments d'un cœur plus pur que l'or.

Elles n'ont point l'éclat de la femme latine,
Au sourire agaçant, à la grâce mutine ;
Mais sans faste ni bruit, leur modeste beauté
Semble sur un parquet un bouquet oublié.
A l'étranger surpris, cette rose sauvage,
Par les plus doux parfums se révèle au passage.
O Suède garde-les, oui garde-les toujours
Ces principes si purs qui font les heureux jours !...»
Lorsque Marcel se tut, à sa voix forte et pure
Succéda tout-à-coup un bienveillant murmure.
Seule Jenny laissait, étrangère à ces chants,
Reposer sur Montfort ses regards bienveillants.
Tout à ses souvenirs il gardait le silence.
Franck, deux verres en main, jusqu'à Marcel s'avance;
Il garde l'un en main, l'autre au mains dé Marcel
Est posé ; puis bientôt, d'un air très-solennel,
Entrecroisant leurs bras ils boivent d'une haleine
Le vin délicieux dont chaque coupe est pleine.
Pour Marcel et Montfort, une chambre en ces lieux
Vint offrir double lit aux édredons moelleux.
Aux premiers feux du jour, un fidèle inteprète,
Vint remettre à Marcel une lettre secrète.
Il consulte Montfort et, d'un commun avis,
Ils arrêtent leur route au nord de ce pays.
Quand leur traineau partit, en proie à ses alarmes,
Jenny les regarda versant d'amères larmes.

LIVRE ONZIÈME

I.

Dans le nord de la Suède il est certain pays
Où par monts et par vaux, en immenses circuits,
La route au bord d'un lac aux blanches eaux circule·
Là, partout sur les monts, le pin sonore ondule,
Et des petits ponneys, errant en liberté,
Suivent le voyageur au galop emporté.
La blanche paysanne, à blonde chevelure,
Le garçon au teint frais, sous une épaisse bure
Dissimulant un peu ses membres vigoureux ;
Des torrents, du granit s'élançant écumeux.

Et se dressant en l'air comme tombes antiques
Ou comme au sol gaulois des pierres druidiques,
Des rochers, par le temps, de mousse recouverts,
Tels sont de ce pays les accidents divers.
Là, dans une maison de sapin et de chêne,
Dont l'informe balcon dominait sur la plaine,
Triste, Benedetta, depuis longtemps, hélas!
Du comte de Turfos qu'elle ne goûtait pas,
Sous les yeux de Bedfort, qui désirait ce gendre,
Se voyait, malgré soi, forcée à tout entendre.
De Lucile, sa mère, en apprenant le sort,
Elle connut aussi le crime de Bedfort.
Cet homme était pour elle un sujet d'épouvante ;
A sa terrible voix on la voyait tremblante.
Souvent, sous les sapins, assise et tout en pleurs,
Elle laissait ainsi s'exhaler ses douleurs :
« L'alouette, joyeuse, à l'aurore s'éveille ;
Sur les nouvelles fleurs vient bourdonner l'abeille,
Lorsque de l'horizon aux campagnes du ciel,
Comme un bouclier d'or, s'élève le soleil.
Les bœufs, au point du jour, avec ardeur mugissent ;
A la voix du pasteur, troupeaux se réunissent ;
Le villageois conduit charriots en chantant,
Tout respire, tout chante et tout semble content.
Le soir même est encore une nouvelle fête ;
Au doux baiser d'amour la nature se prête ;

Et moi, pour le soleil, hélas ! je n'ai que pleurs,
Et la nuit ne m'entend soupirer que douleurs !...»
Du baron de Bedfort à la fin ennuyée,
Elle cherche une route aux mortels non frayée ;
Un rocher s'élevait où de sombres sapins
S'inclinaient murmurants sur de profonds ravins.
La route aux chèvres même était impraticable ;
Que ne peut de son cœur la force inébranlable !
Aux rochers tout à pic elle applique ses pieds
Et disparait enfin dans de sombres sentiers.

II.

Par Marcel et Montfort la route bien marquée,
Près d'un torrent fameux fixait leur arrivée.
Au rendez-vous commun, à pied dans ces déserts,
Ils devaient arriver par des chemins divers.
Montfort, qui le premier au rendez-vous arrive,
Entend, non sans effroi, sur la roche plaintive,
Tomber avec fracas le torrent furieux
Qui trouble les échos de ces sauvages lieux.
De ce fils des glaciers les ondes mugissantes
Roulent à gros bouillons sur les roches glissantes ;

La vapeur qui s'élève en ce gouffre béant,
Des plus belles couleurs peint le soleil ardent ;
Et puis, quand des forêts au torrent sont jetées,
Dans le sein de l'abîme, avec bruit emportées,
Elles roulent, parfois élevant sur les eaux,
Dressés comme des mâts leurs troncs nus, sans rameaux.
Comme un flocon de neige, à ces monts suspendue,
Paraît Benedetta ; sur la mousse étendue
Elle dort ; ses cheveux, ses beaux cheveux flottants,
Comme un long voile d'or se soulèvent aux vents.
Que va faire Montfort ?... Un sublime délire
Au péril de ses jours vers cet ange l'attire.
Son guide, tout tremblant, vainement le retient ;
Sur le roc, où la chèvre à peine se soutient,
Il s'élance, et bientôt de la masse liquide,
On le voit en grimpant, d'un effort intrépide,
S'approcher ; la vapeur de ces flots écumeux
Semble pour un instant le dérober aux yeux.
Grâce aux branches d'un pin qui lui prête assistance,
Sur les rochers glissants il marche avec prudence.
C'en est fait ; désormais il ne peut reculer ;
Malheur ! malheur à lui, s'il se laisse troubler,
Ou s'il pose au rocher un pied faible et timide !
Il touche presqu'au but, et son regard avide
Dévore sa maîtresse, à l'autre bord dormant.
Fatigué, sur le gouffre il demeure un moment

Suspendu ; malgré lui de terreur il frissonne.
Cette masse à ses yeux se déplaçant l'étonne ;
Le vertige le prend, son pied glisse, ô malheur !
Il succombe !... A son cri, d'épouvante et d'horreur,
Benedetta soudain se réveille saisie.
Tout d'abord, sur les flots, sa vue appesantie
Se porte vainement. Mais lorsque de Montfort
La tête, soulevée en un suprême effort,
Pâle se redressant au-dessus de l'abîme,
Et puis au sein des flots, malheureuse victime,
Disparaissant soudain, vint s'offrir à ses yeux,
Elle tombe à genoux, et, le regard aux cieux,
Muette, sous ce coup, immobile statue,
Elle semble, vraiment, par la foudre abattue.
Sa bouche est entr'ouverte et fixes ses regards ;
Ses cheveux sur son sein viennent flotter épars,
Son écharpe, glissant de son épaule nue,
D'un col éblouissant, tout-à-coup à la vue,
Vient découvrir la neige et les charmants contours,
Puis roule au sein des eaux dont elle suit le cours.
D'une pâle terreur cette figure empreinte,
Semble, sur un tombeau, l'image d'une sainte,
Dans l'extase sublime et les muets transports,
Levant les bras au ciel et priant pour les morts.
Cependant, tout-à-coup, Marcel paraît près d'elle.
Marcel qui, s'écartant de la route fidèle.

Avait vers ces sentiers porté ses pas errants.
En la reconnaissant, ses regards sont pleurants.
« Ma fille, cria-t-il, ô ma chaîne est brisée ;
Je te pardonne, ô ciel, ma misère passée !... »
Mais de Benedetta l'immobile regard
Le laisse sans parole et rend son œil hagard.
En vain il l'interroge. A sa douce insistance,
Elle reste immobile et garde le silence.
Le pauvre homme se tord, en proie au désespoir.
Enfin il s'écria : « Bien sombre est ton pouvoir,
O ciel ! Depuis trente ans, courbé sous la misère,
Je traînais dans l'exil une existence amère,
Un astre bienfaiteur, s'éclairant sous ta main,
Du temple de la Paix vint m'ouvrir le chemin.
Ses feux, ses feux si doux me guidant en ma route,
Le front calme et serein j'allais marcher sans doute,
L'orage, tout-à-coup, me replonge en la nuit ;
Le pâle désespoir aux ténèbres me suit !
Sous le poids du malheur, déplorable victime,
Je me sentis encor descendre dans l'abîme.
De ses voiles épais la mort m'environnait ;
Dans cette étrange nuit ta lumière paraît,
O mon Dieu ! de ta voix l'influence sublime,
Presqu'au fond du tombeau, m'appelle et me ranime.
Que dis-je !... En ce moment, me comblant à l'excès,
Tu viens de mon enfant me présenter les traits ;

C'est elle, je la vois, et lorsque ma tendresse
Dans des bras tout tremblants à l'étreindre s'empresse,
Je la trouve muette, immobile, et sur moi
Ne tournant que des yeux hagards et pleins d'effroi.
Ma fille est folle, ô ciel ! Au néant condamnée,
Sur son père jamais ne viendra sa pensée !...
Mais qu'ai-je fait, ô ciel ! pour m'accabler ainsi ?...
Je n'ai que trop vécu !... Me gardais-tu ceci
Comme mon coup de grâce, et fallait-il encore,
Pour cette extrémité rallumer mon aurore ?...
Folle1 ma pauvre enfant, sans parole, ô mon Dieu !
Sans pouvoir à son père adresser un adieu !... »
La pauvre folle, hélas ! ne survécut qu'une heure ;
Car en se réveillant, à sa sombre demeure,
A l'insu de son père, en un dernier effort,
Elle vint, tout-à-coup, accompagner Montfort...
Telle au Niagara la timide colombe,
Suspendue un instant, enfin s'abaisse et tombe.

. . . .

Le pauvre homme restait pâle et sous la douleur
Accablé ; de ses yeux ne coulait aucun pleur.
On eût dit la victime au milieu du naufrage,
Ou bien l'infortuné qui pâlit sous l'orage.
Trois jours il demeura sur ces funestes bords,
De sa fille, au torrent, redemandant le corps,

Et puis il disparut, à là terre étonnée,
Couvrant d'un voile épais sa sombre destinée.
Dans quelle extrémité tomba son désespoir?
On ne sait ; mais depuis on ne put le revoir.

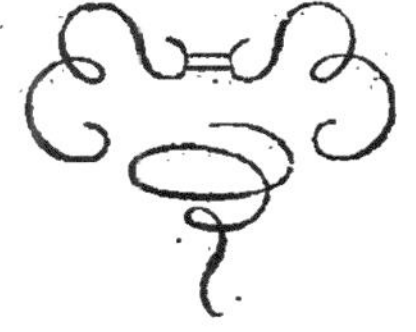

ÉPILOGUE

Sous les larges rameaux du chêne séculaire,
Voyez la vieille Jeanne assise, et sur la terre
Disposant avec soin les plus jolis bouquets.
Plus d'une paysanne, aux yeux vifs et coquets,
S'incline sur ce front que rident les années,
Fraîche comme la rose au milieu des vallées
S'effeuillant sur le sol, ou comme ce beau lys
Que l'on cueille parfois sur d'antiques débris ;
Sur leurs lèvres errait un doux et frais sourire,
Leurs rubans voltigeaient au souffle du Zéphire.

La vieille, en assemblant chaque fleur du bouquet,
Expliquait des couleurs le langage discret.
Pour l'un de ces bouquets, vrai bouquet d'élégie,
Chaque fleur, avec soin, par Jeanne fut choisie ;
Voyant d'un ruban noir, les larmes dans les yeux,
Jeanne l'environner, le groupe curieux
La prie, en insistant, d'expliquer ce mystère.
« Mes chers enfants, dit-elle, il est parfois sur terre
Des gens prédestinés qu'accablent les malheurs ;
Celle pour qui mes mains ont rassemblé ces fleurs,
En est un triste exemple, et sombre est son histoire ;
Le bon curé défunt conservait sa mémoire !
La vieille Marguerite eut aussi les secrets
De ces deux beaux enfants voués au noir cyprès !...
Que Bedfort fut puni, c'était bonne justice ;
Il faut bien que le ciel écrase enfin le vice ;
Aussi je ne plains pas son horrible trépas.
Mais pour eux, la rigueur certes ne seyait pas. »
Lorsqu'on se fut groupé, la vieille complaisante
Leur conta tout au long cette histoire émouvante.
Cette légende encore a cours dans ce pays ;
Et lorsqu'à la Saint-Jean, jeunes, vieux, réunis
Dans ces doux chœurs de danse où le chagrin se noie,
Chantent leurs vieux refrains autour d'un feu de joie,
La jeune paysanne a toujours soin, dit-on,
De mêler aux couplets cette vieille chanson :

✱

La vierge du grand chêne,
Sous un manteau de laine,
Blanche ici se promène
  La nuit ;

A cette heure où tout dort,
Un homme au noble port,
Qui de la forêt sort,
  La suit.

✱

Tous les deux, sur la terre,
Cherchent fleur printannière,
Sous l'arbre séculaire
  Marchant ;

Comme un tendre Zéphir
Ou suave soupir,
Aux échos vient mourir
  Leur chant.

★

Mais, ô vierge charmante,
À ta main l'amaranthe
Ou la rose odorante
    Périt ;

Près de toi, ton amant
Qui te voit, tristement
De ton étonnement
    Sourit.

★

Viens, dit-il, ô ma belle,
Pour nous la fleur nouvelle
Est là qui nous appelle
    Tout près.

Il dit et, dans sa main,
Il apporte soudain
Un rameau du chagrin
    Cyprès !

www.ingramcontent.com/pod-product-compliance
Ingram Content Group UK Ltd.
Pitfield, Milton Keynes, MK11 3LW, UK
UKHW020132130726
13696UKWH00001B/330